Ken kocht

einfach besser essen

KEN MÜLLER

PLANT BASED SOULFOOD

FOTOGRAFIE:
STOCKFOOD STUDIOS / KATRIN WINNER

DO SCHAUGST …

WER BIN ICH, WAS MACH ICH?

Ich bin der Ken: Ernährungsberater, Content Creator auf Youtube und Papa. Ich denke, es würde reichen zu sagen, ich bin Papa. Denn dadurch müssen all die Eigenschaften, Fähigkeiten und Ideen zum Einsatz kommen, die ich für den Rest meiner Arbeit auch brauche: gesunde Ernährung, die schmeckt und glücklich macht.

Ich kann schon nachvollziehen, dass man auf den ersten Blick gesunde Ernährung jetzt nicht gerade mit Geschmacksexplosionen und Glücklichmachern in Verbindung bringt. Aber was zeichnet denn ein sauleckeres Rezept aus? Salzig, deftig, ein bisschen fettig, ein bisschen süß, umami. Und ich kann auch verstehen, dass man das jetzt nicht zwingend in einem gesunden Rezept erwartet. Aber: Ihr würdet ja nicht gerade mein zweites Buch in der Hand halten, wenn ihr die klassischen 08/15-Gesundheitsrezepte erwarten würdet. Denn eines ist so sicher wie das Amen in der Kirche: Mit den richtigen Zutaten kann man nicht nur sakrisch gute und gesunde Rezepte kochen, sondern auch gezielt etwas für sein Wohlbefinden tun.

Und genau darum geht es heute. Soulfood – Essen für die Seele. Happy wife – happy life! Oder so ähnlich. Das hat schon irgendwie einen wahren Kern. Bloß hört sich »happy kid – happy life« oder »happy me – happy you« nicht so fancy an. Aber wenn man grundsätzlich zufrieden mit sich und seinem Umfeld ist, dann lassen sich negative äußere Einflüsse viel leichter wegstecken.

Und was hat das alles mit Ernährung zu tun? Nicht so viel, aber mehr, als man meint. Natürlich spielen ganz andere, oft nicht beeinflussbare Faktoren eine viel gewichtigere Rolle und entscheiden darüber, ob es einem jetzt gut oder weniger gut geht. Aber unsere Ernährung trägt ihren Teil dazu bei. Und wenn die Ernährung klug und gut zusammengestellt ist, dann kann das in manchen Situationen das i-Tüpfelchen sein.

Und genau das machen wir mit diesem Buch. Wir kochen mit Lebensmitteln, die einen positiven Effekt auf unser Wohlbefinden haben, und streichen Lebensmittel, die uns bei häufigem Konsum negativ beeinflussen. Wir werden versuchen, Glückshormone zu triggern und wenn wir dann mit einem Lächeln aufwachen, dann kann uns der Rest den Buckel runterrutschen. Weil das ja klar ist.

Und jetzt viel Spaß beim Lesen, Kochen und Glücklichsein. Auf geht's!

Euer

SEELENFUTTER-KNOW-HOW

EIN GESUNDER GEIST WOHNT IN EINEM GESUNDEN KÖRPER.

GUTE LAUNE, SCHLECHTE LAUNE – LEBENSMITTEL FÜR DIE SEELE

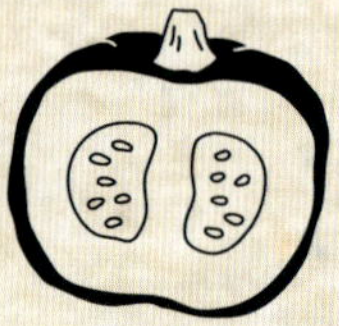

Du bist, was du isst. Und ganz ehrlich: Du bist tatsächlich, was du isst. Ende der Diskussion.

Seele ist so ein schwer greifbarer Begriff. Deswegen verwenden wir für die Begriffe Seele, Psyche, psychisches oder seelisches Wohlbefinden und alles, was sich grundsätzlich mit Wohlbefinden geistiger und/oder seelischer Natur beschäftigt, ganz allgemein die Bezeichnung Psyche.

Kann Ernährung wirklich unsere Psyche beeinflussen? Das heißt: Können wir uns gezielt glücklich oder sogar traurig essen? Welche Rolle spielen **Kohlenhydrate, Fette** und **Botenstoffe** dabei? Und was haben vor allem unser Mikrobiom respektive unser Darm damit zu tun?

Die Themen »glücklich sein«, »traurig sein«, vielleicht sogar »depressiv sein« und im schlimmsten Fall »eine Depression haben« sind unglaublich komplex und hängen von unglaublich vielen Faktoren ab.

Wenn es tatsächlich so einfach wäre, nur die Ernährung umzustellen, und schon ist man glücklich, dann würden viel mehr Menschen viel mehr lächeln. Nur durch eine gesunde Ernährung werden wir unsere Probleme nicht los. Das sollten wir uns klarmachen. Aber sie kann ein kleiner Baustein hin zu mehr Wohlbefinden sein.

NÜTZLICHES WISSEN

DIE WISSENSCHAFT HAT FESTGESTELLT, DASS …

… die Ernährung in der Psychologie und Psychotherapie eine wichtige Rolle spielt. Mittlerweile versuchen die Forschenden die Zusammenhänge zwischen Ernährung und Psyche zu verstehen und für uns greifbarer zu machen. Und endlich ist es gelungen, viele psychisch basierte Erkrankungen auch auf eine falsche Ernährung zurückzuführen.
Und wenn man das Ganze auf den Punkt bringen möchte, gibt es vier wichtige Faktoren in unserem Körper, die unsere Psyche beeinflussen können: Kohlenhydrate, Fette, Botenstoffe und das Mikrobiom (Darmflora).

Aber wer kennt das nicht? Keine Zeit, keine Lust, keine Kraft, alles schnell, schnell. Niemand hört zu. Alle wollen was von mir und im Endeffekt muss ich mich um alles alleine kümmern. Und weil es gerade so ist, wie es ist, pfeife ich mir halt auch noch schnell Fast Food oder was Süßes oder beides rein. Ein bisschen Vergnügen brauch ich schon auch, bei dem ganzen Stress.

Es wäre wirklich toll, wenn das funktionieren würde, weil das Zeug ja auch noch richtig gut schmeckt. Doch leider kommen wir durch diese Ernährung nicht raus aus der ganzen Belastung, sondern geraten immer tiefer hinein und stressen unseren Körper und unseren Geist ganz massiv.

KOHLENHYDRATE

Eine dieser vier Komponenten, die Einfluss auf unsere Psyche haben, sind Kohlenhydrate. Wundern dürfte sich jetzt keiner. Denn wenn man weiß, was unser Hirn ausschließlich isst, dann tritt bei einigen eventuell ein kleiner Aha-Effekt ein. Unser Hirn will Zucker. Es braucht Glukose. Nur damit funktioniert unser Gehirn. Und darum geht der Griff zur Schokoladentafel oder zum Donut auch so schnell von der Hand. Denn das kleine Kraftwerk in unserem Kopf verbraucht mehr als ein Viertel unserer gesamten Energiezufuhr. Und das ist für die kleine Größe des Gehirns im Verhältnis zum gesamten Körper schon wirklich beeindruckend viel. Um einigermaßen gut zu funktionieren, benötigt unser Gehirn täglich um die 130 g Glukose plus/minus 10 g.

So, und jetzt sind wir dran. Kommen wir zum Casus knacksus. Wäre ja langweilig, wenn alles easy wäre. Einfach eine große Portion Schokoladenkuchen (den findet ihr übrigens auf Seite 168) und alles ist gut. Funktioniert leider nicht. Denn es macht einen erheblichen Unterschied, durch welche Lebensmittel Glukose in unser Hirn kommt.

Wenn wir unser Hirn mit kurzkettigen Kohlenhydraten füttern, also Einfach- und Zweifachzuckern, bekommen wir nicht nur ein negatives körperliches Feedback in Form von Blutzuckerschwankungen und Heißhungerattacken. Mehrere Studien assoziieren einen sehr hohen Zuckerkonsum auch mit der Begünstigung von Depressionen und Demenz. Übermäßiger Zuckerkonsum macht uns also psychisch labil.

Für uns heißt das konkret: Um unser Hirn mit ausreichend Glukose zu füttern, essen wir nicht Kuchen und Weißmehlprodukte, sondern vor allem Lebensmittel, die aus Polysacchariden, also Vielfachzuckern bestehen. Die stecken zum Beispiel in Hülsenfrüchten oder Vollkorngetreide. So verhindern wir die großen Schwankungen des Blutzuckers und versorgen unser Hirn gleichmäßig und kontinuierlich mit Energie. Unser Körper ist eine Überlebensmaschine. Wir sind perfekt konstruiert und haben für sehr viele Situationen Lösungsmöglichkeiten bekommen. Unser Hirn braucht Glukose und die holt es sich über Kohlenhydrate. Sollte aber eine Extremsituation eintreten und wir können nicht mehr auf unser gewohntes Umfeld samt Ernährung zurückgreifen, kann unser Körper den Überlebensmodus aktivieren. Dann kann er auch aus Fett und Proteinen ausreichend Glukose selbst herstellen. Das nennt man Ketose. Sie hilft uns dabei, unser Hirn so lange funktionsfähig zu halten, bis wir es schaffen, aus dieser Extremsituation zu entkommen. Zeit spielt keine Rolle, wir können diesen Zustand ein Leben lang aufrechterhalten. Mehrere Studien haben mittlerweile aber gezeigt, dass ein übermäßig hoher Konsum von Fett und Proteinen langfristig krank macht: Herz-Kreislauf-Erkrankungen, Nierenleiden, Diabetes Typ II, Knochenerkrankungen und so weiter und so fort.

Der Notfallmodus ist nicht dafür gedacht, ihn als Dauerzustand zu benutzen. Denn eine einseitige Ernährung ist langfristig immer kontraproduktiv.

Ich fasse das alles noch mal kurz zusammen: Wir decken unseren schnellen Energiebedarf mit **Hülsenfrüchten, Vollkorngetreide** und kleinen Mengen **Obst**. Und nein, keine Sorge, die ein, zwei Teelöffel Zucker in einem Gericht, die den Geschmack unterstützen, sind nicht schlimm. Als Faustformel kann man sich merken: Wenn wir 80 Prozent unserer Ernährung klug und gesund gestalten, dann machen die 20 Prozent das Kraut auch nicht fett. Ja, ich weiß, im ersten Buch hab ich noch von 90 Prozent und 10 Prozent gesprochen. Aber ich schiebe es jetzt einfach mal auf die zunehmende Altersmilde.

FETTE

Die zweite für unser Hirn relevante Komponente ist Fett. Und das bedeutet konkret:

Omega 3 respektive DHA (Docosahexaensäure) und EPA (Eicosapentaensäure), aber ganz allgemein einfach und mehrfach ungesättigte Fettsäuren. Diese ungesättigten Fettsäuren sind mit die wichtigsten Energielieferanten für unser Gehirn (aber eben nicht auf die Schnelle). Und was Omega 3 betrifft, eignet sich vor allem Mikro-Algenöl, es ist der beste EPA- und DHA-Lieferant.

Wahrscheinlich fragen sich jetzt einige: »Fettreicher Meeresfisch ist doch viel besser, oder nicht?« Ich würde gerne mit Ja antworten, aber fettreichen Fisch kann man leider nicht mehr bedenkenlos empfehlen – nicht nur aus ethischen, sondern tatsächlich auch aus gesundheitlichen Gründen. Viele fettreiche Meeresfische sind mittlerweile so stark mit Schwermetallen belastet, dass es Schwangeren und Kleinkindern empfohlen wird, komplett darauf zu verzichten. Wenn ihr allerdings die Möglichkeit habt, aus nachhaltiger und fairer Züchtung zum Beispiel eine fette Lachsforelle zu bekommen, dann genießt sie.

Aber wir waren bei guten Fetten für unser Gehirn. Und da spielen **Leinsamen** und **Leinöl, Hanfsamen** und **Hanföl, Walnüsse** und **aus ihnen gepresstes Öl**, aber auch **Raps-** und **Olivenöl** eine wichtige Rolle. Sie alle liefern sehr gute ungesättigte Fette.

Wahre Hirnkiller sind dagegen gesättigte Fettsäuren und vor allem Transfettsäuren. Auch sie stehen im Verdacht, Depressionen und Demenz zu begünstigen. Transfette entstehen hauptsächlich durch die industrielle

Härtung von Pflanzenölen. Sie stecken in allen hoch verarbeiteten Fleisch- und Wurstwaren und natürlich in Fast Food jeglicher Form. Aber auch in Industrieprodukten wie Chips, frittiertem Zeug und Gebäck. Die kommen ab jetzt auf eure rote Liste.

BOTENSTOFFE

Der dritte wichtige Faktor sind die Botenstoffe. Denn es gibt nachweislich Botenstoffe, die unsere Stimmung beeinflussen können. Botenstoffe sind Hormone und Neurotransmitter, die für die Kommunikation zwischen unseren Hirnnervenzellen verantwortlich sind. Und auch die brauchen Futter. Und hiermit kommen wir zum Thema Eiweiß. Proteine werden von unserem Körper nicht als Energielieferant genutzt, sondern primär als Bau- und Regenerationsstoff. Und sie sind eben maßgeblich mitverantwortlich, wie gut unsere Botenstoffe im Saft stehen. Die wichtigsten Botenstoffe für unser Wohlbefinden sind Dopamin, Serotonin, Cholin und Gamma-Aminobuttersäure, kurz GABA.

Dopamin: Dopamin kennt man als Glückshormon und es ist mitverantwortlich für unsere gute Stimmung und Motivation und somit auch für unsere Leistungsfähigkeit. Wer an Dopaminmangel leidet, gilt nicht gerade als Arbeitsmaschine und Frohnatur. Auch Krankheiten wie Parkinson werden mit einem Dopaminmangel in Verbindung gebracht. Sehr gute Lebensmittel, um den Dopaminspiegel zu steigern, sind **Milchprodukte**, aber noch wichtiger **Hülsenfrüchte** wie **Linsen, Bohnen** oder **Kichererbsen** und Soja, auch in Form von **Tofu** oder **Tempeh**.

Serotonin: Für gute Laune und Fröhlichkeit, Ausgeglichenheit, guten Schlaf, Stress- und Frustbewältigung ist Serotonin ein sehr wichtiger Botenstoff. Es gibt viele Lebensmittel, die reich an Serotonin sind: Schokolade, Bananen, Kiwi, Tomaten. Aber dieses Serotonin kann die Blut-Hirn-Schranke leider nicht passieren. Deswegen brauchen wir Lebensmittel, die zusätzlich reich an Tryptophan sind. Das ist eine essenzielle Aminosäure, die der Körper nicht selbst herstellen kann, die er aber benötigt, um daraus selbst Serotonin synthetisieren zu können.
Lebensmittel, die uns gut mit Tryptophan und damit auch Serotonin versorgen, sind **Cashewkerne, Kakao, Sojabohnen** und **getrocknete Erbsen,** aber auch **Walnüsse, Haferflocken, Eier** und natürlich sehr **geringe Mengen an Käse** und **Fleisch**. Ich würde die Empfehlung der Deutschen Gesellschaft für Ernährung (DGE) von 300 g Fleisch pro Woche hier aber auf keinen Fall überschreiten.

Cholin: Acetylcholin wird im Gehirn zu Cholin umgewandelt. Cholin ist ein sehr wichtiger Botenstoff, da unsere komplette Hirn- und Muskelfunktion davon abhängt. Ein Cholinmangel kann zu Fettleber oder Muskelschäden, aber auch zu Gedächtnisstörungen führen. Wenn unsere Lernbereitschaft, die Aufnahmekapazität und unsere Gedächtnisleistung abnehmen, kann sich das maßgeblich auf unsere psychische Gesundheit auswirken.
Die besten Cholinquellen sind **Eier** mit 250 mg pro 100 g Vollei, **Vollkornweizen, Erdnüsse, Brokkoli, Blumenkohl** und auch **Rosenkohl.**

GABA: Gamma-Aminobuttersäure ist unser Anti-Stress-Botenstoff. Stress ist ja nicht selten ein Grund für so manche depressive Grundstimmung und GABA hilft dabei, uns ein bisschen mehr ins Gleichgewicht zu bringen. Ähnlich wie Serotonin wird GABA im Gehirn synthetisiert und benötigt dafür Tryptophan. Also Lebensmittel wie **Cashewkerne, Kakao, Sojabohnen** und **getrocknete Erbsen,** aber auch **Walnüsse, Haferflocken** oder **Eier.**

Zusätzlich zu den Proteinen sind auch noch einige Vitamine wichtig, damit die Botenstoffe gut funktionieren. Aber wenn ihr euch gut mit den oben genannten Botenstoff-Futter-Lebensmitteln versorgt und regelmäßig raus an die Sonne geht, dann habt ihr auch ausreichend Vitamin B_{12}, B_1, B_6, Folsäure, Vitamin C und D für mehr seelisches Wohlbefinden am Start.

DAS MIKROBIOM

Das Zentrum unserer Gesundheit und auch unseres Wohlbefindens sitzt im Darm. Auch im Darm werden Botenstoffe wie Dopamin produziert und gelangen über die Darm-Hirn-Achse nach oben.

Zuständig dafür ist der Vagusnerv. Und damit der gut funktioniert, müssen wir unser Mikrobiom, wie man die Darmflora auch nennt, mit einer sehr **ballaststoffreichen Ernährung** unterstützen. Also viele **Nüsse** und **Samen, Vollkorngetreide, Hülsenfrüchte** und **Gemüse** (davon gerne 25 Prozent als Rohkost) verzehren. Die DGE empfiehlt 30 g Ballaststoffe am Tag.

Aber auch **Milchsäurebakterien** spielen eine extrem wichtig Rolle für unseren Darm. Die stecken in **Kombucha, Brottrunk, Kefir** oder **Joghurt**, in **Fermentiertem**, wie nicht erhitztem **Sauerkraut** oder **Kimchi**, aber auch in **Miso, Tempeh** oder **Natto**.

Zusammenfassend kann man sagen, dass es gar keinen Sinn macht, sich Lebensmittel reinzupfeifen, die einen körperlich und geistig noch anfälliger für Depressionen machen, wenn man auch mit gesunden Lebensmitteln einfach affengeilen Geschmack kreieren kann. Und deswegen schauen wir uns mal an, was man alles braucht, um richtig gutes Zeug zu machen. Richtig gutes!

WIE FUNKTIONIERT GESCHMACK?

Wenn gesundes Zeug nicht schmeckt, dann machst du etwas falsch. Wie du es richtig machst, erfährst du auf den nächsten Seiten. Tauche ein in die Geheimnisse des guten Geschmacks.

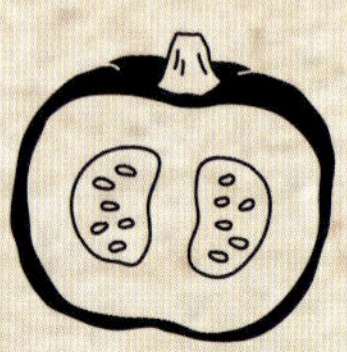

Also grundsätzlich ist es ziemlich einfach, guten Geschmack zu kreieren. Ihr braucht was Salziges, was Süßes, was Saures, was Umamiges, Zwiebeln und Knoblauch. Wenn ihr das alles habt, dann könnt ihr eigentlich nichts falsch machen. Und das Schöne ist: All diese Dinge sind unabhängig von den Hauptzutaten. Das heißt: Ihr könnt also auch gesunde Lebensmittel gschmackig zaubern, wenn ihr was Salziges, was Süßes, was Saures, was Umamiges mit Zwiebeln und Knoblauch kombiniert. Jetzt gibt's keine Ausreden mehr!

SALZIG

Meine Oma kannte nur Salz. Oma ist die Beste, aber für ein bisschen mehr salzige Vielfalt bin ich trotzdem sehr dankbar. Und deswegen kombiniere ich meine Rezepte gerne mit folgenden Salzkomponenten:

Eingelegte Oliven: Also die, die nicht in Flüssigkeit schwimmen, sondern in Salz eingelegt sind. Die sind so schön kräftig salzig, dass sie, wenn sie zum Beispiel zu einer Paste verarbeitet werden, einen unerwarteten Twist in Eintöpfe bringen, ohne dass ihr extra salzen müsst. Und man fragt sich, was schmeckt denn da so affengeil, aber man kommt im

NÜTZLICHES WISSEN

ES IST EINE FRAGE DER ZUBEREITUNG

Es kann natürlich immer noch sein, dass einem etwas nicht schmeckt. Zum Beispiel Brokkoli oder Tofu oder, oder, oder. Kein Problem. Dann esst ihr halt etwas anderes Gesundes. Aber in neun von zehn Fällen liegt es einfach an der falschen Zubereitungsart. Niemand würde auf die Idee kommen, den Lammbraten einfach ungewürzt in den Ofen zu schieben. Da wird auch ein Brimbamborium an Saucen und Dressings kreiert (alle Saucen, die ihr jemals wieder brauchen werdet, findet ihr ab Seite 22), damit die Hauptzutat (meist Fleisch) schmeckt. Das kann man auch mit Tofu machen. Deswegen geb ich euch einfach mal ein paar salzige, süße, saure und umami Komponenten an die Hand, die ihr ganz unabhängig von den Rezepten einfach immer irgendwie verwenden könnt, um Geschmack ins Essen zu bringen.

ersten Moment einfach nicht drauf.
Geschschmacks-Skala: unerwartet gschmackig

Getrocknete Tomaten: Sie sind die absolute Geheimwaffe für guten Geschmack. Wenn irgendwo einfach mal der Bums fehlt, einfach eine Handvoll getrocknete Tomaten in Wasser einweichen und alles zusammen ins Gericht schütten.
Geschmacks-Skala: extrem lecker

Eingelegte Pfefferoni: Wenn ihr eingelegte Pfefferoni als Salzkomponente verwendet, dann bekommt ihr halt auch gleich ein bisschen Schärfe ins Essen, aber nur so viel, dass der Kopf nicht zu sehr in die Röte geht.
Geschmacks-Skala: ungestüm lecker

Kapern: Die haben zwar einen eigenen Geschmack und wenn man den nicht mag, dann nimmt man eben etwas anderes als Kapern. Aber wenn man sie mag, dann können Kapern der Gamechanger sein.
Geschmacks-Skala: Kapern

Ume Su: Das ist einfach nur fermentierter Aprikosen- oder Pflaumenessig. Das Ding vereint zwei Komponenten auf einmal: salzig und sauer. Fermentierter Aprikosenessig gehört in jede Küche. Damit macht man die einfachsten und besten Salatdressings. Tomaten, Knoblauch, Olivenöl, Ume Su, fertig!
Geschmacks-Skala: Das ist einfach nur Rock 'n' Roll

Sojasauce: Ja, manchmal braucht man auch einfach nur Salz. Zum Beispiel auf Ofenkartoffeln. Aber ich verstehe wirklich nicht, warum bei uns Sojasauce nicht schon längst die Haupt-Salzkomponente ist. Sie ist salzig, sie ist umamig, sie ist einfach so viel flexibler als Salz.
Geschmacks-Skala: best Salz of all time

Miso: Miso ist wie die Luft zum Atmen. Miso macht einfach alles besser. Miso ist wie eine Oper. Miso ist wie guter Metal. Wenn du nicht kochen kannst, macht nix. Miso macht's möglich.
Geschmacks-Skala: Miso ist der Inbegriff des guten Geschmacks

Fischsauce: Okay, ich verstehe, dass man ein Lebensmittel, das nach Käsefuß riecht, nicht zwingend in sein Essen geben will. Aber Asiaten verstehen auch nicht, wie man Handkäse mit Musik auch tatsächlich essen kann. Also, streiten wir uns nicht. Fischsauce schmeckt weder nach Käsefuß noch nach Fisch. Fischsauce ist einfach nur richtig gutes Zeug.
Geschmacks-Skala: 10 plus

Currypaste: Currypaste kann man nicht nur mit Kokosmilch mischen, man kann sie auch hervorragend als Salzersatz verwenden. Auf diesen Twist kommen die meisten nur selten. Aber jetzt hoffentlich regelmäßig.
Geschmacks-Skala: herrlich gschmackig

Senf: Als Salzalternative wird Senf viel zu wenig eingesetzt. Senf ist einfach extrem flexibel und harmoniert mit vielen anderen Geschmacksträgern einfach viel zu gut, um ihn nicht regelmäßig einzusetzen.
Geschmacks-Skala: hat Leberkas-Niveau

Fermentiertes Gemüse: Ob Sauerkraut oder Kimchi, Gurken, Zucchini, Karotten, völlig egal. In dem Moment, in dem man Gemüse laktofermentiert, entsteht nicht nur ein gesundes Lebensmittel für unseren Darm, sondern eben auch eine tolle Salzalternative. Ob nur die Flüssigkeit oder das Gemüse – beides bringt genügend Salz in ein Gericht, sodass man sich fragt: Warum um Himmels willen bin ich da nicht früher draufgekommen?
Geschmacks-Skala: sauer, salzig, lecker

SAUER

Organische Säuren spielen eine wichtige Rolle bei der Nährstoffaufnahme. Saure Komponenten helfen uns, Eisen aus Pflanzen für unseren Körper besser verfügbar zu machen, und unterstützen uns dadurch bei der Deckung potenziell kritischer Nährstoffe.

Balsamico-Essig: Balsamico – hell und dunkel – ist der einzige Essig, den ihr braucht.
Geschmacks-Skala: mild sauer

Zitrone und Limette: Mit Zitrone oder Limette bekommt ihr sofort einen leichten Touch rein, wenn ihr das Gefühl habt, ihr werdet von der Deftigkeit erschlagen.
Geschmacks-Skala: frisch sauer

Fermentiertes Gemüse und Ume Su: Eigentlich ja mehr salzig als sauer, aber eben auch sauer. Und oft benötigt man keine zusätzliche Säure mehr, wenn man mit laktofermentierten Lebensmitteln arbeitet.
Geschmacks-Skala: salzig sauer

SÜSS

Wenn ein Gericht auch ein bisschen Süße abbekommt, dann wird es einfach runder und leckerer. Und man muss auch keine Angst vor etwas Zucker im Essen haben, bei den verwendeten Mengen sind wir ganz weit weg von der kritischen Masse.

Vollrohrzucker: Schön vollmundig. Kann man mal machen.
Geschmacks-Skala: süß

Dattelsirup: Einfach ein paar Datteln zusammen mit Wasser im Mixer fein mixen und man hat eine dezente Süßungsalternative, die eine etwas leichtere Süße als Zucker ins Essen bringt und obendrein eine Extraportion Ballaststoffe für die Darmgesundheit liefert.
Geschmacks-Skala: dezent süß

Zuckerrübensirup: Mir gefällt Zuckerrübe als Süßungsmittel richtig gut und es hat noch mehr Tiefe als klassischer Vollrohrzucker.
Geschmacks-Skala: karamellig, süß, metallig

Mirin: Das ist ein süßer fermentierter Reiswein. Bringt eine sehr angenehme, dezente Süße ins Spiel, die man so eigentlich nicht wirklich vergleichen kann.
Geschmacks-Skala: unbeschreiblich harmonisierendes Süß

Ahornsirup: Hier geht es eigentlich nur um den Geschmack. Er schmeckt anders als die anderen Süßungsquellen und bietet somit eine kleine Abwechslung.
Geschmacks-Skala: Ahornsirup

UMAMI

Umami ist nicht nur ein wunderschönes Wort. Es ist auch unglaublich wichtig für den guten Geschmack. Wenn wir umami Komponenten verwenden, dann wird alles ein bisschen besser. Was meist natürlich auch daran liegt, dass viele umami Gewürze auch salzig sind, aber es gibt auch ein paar nicht salzige Umami-Quellen, die einfach in keiner Küche fehlen dürfen.

Hefeflocken: Hefeflocken werden in der veganen Küche hauptsächlich wegen ihres vollmundigen Geschmacks verwendet, welcher in Kombination mit Säure und Cashew sogar käsiger werden kann als Käse selbst. Ich sehe wirklich keinen Grund, warum wir in der vollwertigen pflanzenbasierten Mischkost auf so ein tolles Gewürz verzichten sollten.
Geschmacks-Skala: deftig, würzig, vollmundig

Kombu-Alge/Dashi: Kombu-Alge hat einen ähnlich hohen Glutamatgehalt wie Parmesan und spielt somit absolut in der Champions League, was Umami betrifft. Allerdings tun wir uns in der europäischen Küche ein bisschen schwer, Algen sinnvoll einzusetzen, weil wir ganz einfach ein paar tolle asiatische Rezepte nicht im Standard-Repertoire haben. Und deswegen mache ich aus der Kombu-Alge gerne eine Art Dashi, also eine Kombu-Brühe. Die ist so vollmundig, dass wir jedes Gericht mit umami torpedieren können.
Geschmacks-Skala: umami pur

Getrocknete Pilze: Wenn wir das Glutamat aus dem Pilz als Konzentrat zur Verfügung haben, denn ein getrockneter Pilz ist nichts anderes als Umami-Konzentrat, dann können wir ohne großen Aufwand sehr viel Glutamat in ein Gericht stecken. Vor allem, wenn sich Pilze eh anbieten, wie zum Beispiel in Eintöpfen oder One Pots.
Geschmacks-Skala: bombensicher lecker

NÜTZLICHES WISSEN

KENS-SHOP.DE

Neue Zutaten werden extrem ungern verwendet. Erstens: Man weiß nicht, wie sie schmecken. Zweitens: Man weiß nicht, ob da auch kein Schmarrn drin ist. Aus diesem Grund lasse ich die wichtigsten Gewürze für meine Rezepte in Eigenproduktion herstellen. In Premiumqualität. Wenn ihr Miso, Ume Su und Co. mal ausprobieren wollt, dann gibt's alles Ken-kocht-proofed in meinem Online-Supermarkt.

SAUCEN UND DRESSINGS

WENN DU EINE GESCHEITE

SAUCE HAST, DANN BIST DU AUF DER SICHEREN SEITE.

DRESSINGS

Dressings sind das i auf dem Tüpfelchen. Mit dem richtigen Dressing kann man normale Speisen in gute Speisen verwandeln. Dressings werden auch nicht nur über den Salat gekippt. Richtig mariniert hat definitiv gewonnen.

MEIN LIEBLINGSDRESSING

Für ca. 200 ml **2 EL helle Misopaste, 2 EL süßen Senf, 4 EL Aceto balsamico bianco** und **4–6 EL Olivenöl** in eine Schale geben und mit dem Schneebesen so lange rühren, bis ein homogenes Dressing entstanden ist.

HOLY-MOLY-DRESSING

Für ca. 100 ml **2 EL Knoblauch-Mayonnaise, 2 EL Gurkenwasser, ½ TL Zucker, 1 TL Ume Su, 1 TL Aceto balsamico bianco, 1 TL mittelscharfen Senf, ½ TL Knoblauchpulver** und **½ TL Zwiebelpulver** in eine Schale geben und gründlich verrühren – fertig.

KÜCHEN-HACK

Bereitet immer gleich eine größere Menge Dressing vor, füllt alles, was ihr nicht braucht, in Schraubgläser und stellt es als fixen Vorrat in den Kühlschrank.

HOT-HOT-DRESSING

Für ca. 200 ml **2 EL mittelscharfen Senf, 2 EL Mirin, 2 EL Reisessig, 2 EL Ahornsirup, 2 EL Tamari-Sojasauce** und **4 EL Sriracha-Sauce** in eine Schale geben und mit dem Schneebesen zu einem homogenen Dressing verrühren. Oder die Zutaten in ein Schraubglas geben und so lange schütteln, bis sich alles gut vermischt hat.

DARK-MISO-DRESSING

Für ca. 100 ml **2 EL Kürbiskernmus (ersatzweise anderes Nussmus), 2 EL dunkle Misopaste, 1 EL Sojasauce, 1 EL Ahornsirup, 2–3 EL Haferdrink** und **1 EL Aceto balsamico** in eine Schüssel geben und ordentlich vermischen – fertig. Je nach Geschmack kann man die Sauce durch mehr Haferdrink oder eine andere Flüssigkeit flüssiger machen oder durch Weglassen der Flüssigkeiten dickflüssiger lassen.

DAS DARK-MISO-DRESSING IST EINE GEPIMPTE VARIANTE VON DUNKLER MISOPASTE UND KANN AUCH GENAUSO VERWENDET WERDEN. ZUM BEISPIEL IN EINEM EINTOPF. ODER IN EINER BRATENSAUCE.

CRAZY DAIZY

Diese Sauce ist einfach magisch. Mit der kann man alles machen: einlegen, marinieren, ablöschen, draufschütten. Oder man kann sie einfach nur so essen.

Für ca. 400 ml

10 Min. Zubereitung

¼ Lauchstange
1 Zwiebel
4 Knoblauchzehen
1 Stück Ingwer (5 cm lang)
1 eingelegter Pfefferoni
1 TL Chilipulver
2 EL Dattelsirup
1 EL Aceto balsamico bianco
1 EL Ume Su (asiatischer Aprikosenessig; ersatzweise Aceto balsamico bianco)
1 Msp. Zimtpulver
1 Nelke
150 ml Sojasauce

1 Den Lauch putzen, längs aufschneiden und gründlich unter fließendem Wasser waschen. Zwiebel, Knoblauch und Ingwer schälen. Alle vier Zutaten zusammen mit der Pfefferoni so klein wie möglich schneiden.

2 Chili, Dattelsirup, Aceto balsamico bianco, Ume Su, Zimt, Nelke, Sojasauce und 100 ml Wasser in einem Schraubglas mit den klein geschnittenen Zutaten mischen.

DIE-GEHEN-IMMER-SAUCEN

Wenn Saucen zu allem und immer und jedem und überall passen, dann nennt man sie »Die-gehen-immer-Saucen«. Kanntet ihr noch nicht? Ich hab mal ein paar notiert. Die gehen immer.

SWEET CHILISAUCE

Für ca. 150 ml **1 Bio-Zitrone** heiß waschen, abtrocknen, die Schale in eine Schüssel reiben und den Saft hinzupressen. **4 EL Ahornsirup, 2 EL Sriracha-Sauce, 1 EL geröstetes Sesamöl, Salz** und **Pfeffer** dazugeben und alles gut verrühren.

SMOKEY SAUCE

Für ca. 300 ml **1 gewürfelte Zwiebel, 4 Knoblauchzehen, ½ rote gewürfelte Paprika** und **½ Bund Basilikum** zusammen mit **½ EL getrocknetem Oregano, ½ EL geräuchertem Paprikapulver, 1 EL Aceto balsamico, dem Saft von jeweils ½ Limette und ½ Zitrone, 1 TL Chilipulver, 1 EL Zucker, ½ TL Salz** und **2 EL Olivenöl** sowie **1 Schuss Wasser** in einen Standmixer geben und gründlich vermixen. Eignet sich super, um zusammen mit Gemüse in den Ofen zu wandern und etwas wunderbar Aromatisches daraus zu zaubern.

KÜCHEN-HACK

Die Smokey Sauce besteht aus vielen frischen Zutaten. Darum solltet ihr sie möglichst rasch verbrauchen. Aber das ist wirklich nicht schwer.

GEHEIMWAFFENSAUCE

Für ca. 400 ml **1 große Aubergine** bei 220° Umluft so lange im Ofen backen, bis die Haut schwarz und das Innere weich ist. Das kann je nach Ofen zwischen 40 und 50 Min. dauern. Fruchtfleisch mit einem Löffel aus der Schale lösen und samt gebildeter Flüssigkeit in eine Schüssel geben. **4 geriebene Knoblauchzehen, 1 ½ TL Zucker, den Saft von 1 Zitrone, 2 EL Tahin (Sesammus), 1 TL gemahlenen Kreuzkümmel, 1 TL geräuchertes Paprikapulver, 2–3 EL Olivenöl, 1 EL helle Misopaste** und **1 EL mittelscharfen Senf** dazugeben. Alle Zutaten mit dem Pürierstab oder Mixer zu einer glatten Masse verarbeiten. Je nach Bedarf und Geschmack mit zusätzlichem Zitronensaft oder Wasser verdünnen.

GRUNDSÄTZLICH IST ES EINE GUTE IDEE,
WENN MAN LEBENSMITTEL, DIE MAN MIT SAUCE
ZUBEREITEN MÖCHTE, AUCH EINFACH MAL SO
ÜBER NACHT IN DIE SAUCE LEGT.
ALSO EINFACH MAL VORSORGLICH MARINIERT.

JOGHURTSAUCE

Ich finde ja: Joghurtsauce gehört in jede Rezeptsammlung. Weil man Joghurt einfach mit fast allen Lebensmitteln kombinieren kann. Zum Beispiel Gemüse. Einfach Gemüse in Joghurt einlegen, passt.

—

Für 4 Portionen

5 Min. Zubereitung

1 frische Chilischote
4 Knoblauchzehen
1 Stück Ingwer (5 cm lang)
4 EL Aceto balsamico
1 EL Olivenöl
1 TL gemahlene Kurkuma
2 TL geräuchertes Paprikapulver
2 TL gemahlener Kreuzkümmel
1 TL Garam Masala
½ TL Salz
400 g Joghurt
2 TL Ahornsirup
1 EL Speisestärke (nach Belieben)

1 Die Chili waschen, längs halbieren, von Kernen und weißen Trennwänden befreien und klein schneiden. Knoblauch und Ingwer schälen und fein reiben.

2 Alle Zutaten bis auf die Stärke (siehe Küchen-Hack) in ein verschließbares Gefäß geben und so lange schütteln, bis sich alles homogen vermischt hat.

KÜCHEN-HACK

Ich gebe immer noch 1 EL Speisestärke zur Joghurtsauce. Damit wird sie beim Anbraten deutlich dickflüssiger, was mir persönlich sehr zusagt. Ich verwende die Sauce nämlich gerne für Gemüsepfannen. Durch die untergemischte Stärke verhält sie sich dann wie eine Currysauce. Des taugt ma.

RÖSTGEMÜSESAUCE

Diese Sauce ist einfach eine verdünnte Gemüsepfanne. Es ist unglaublich, was man für eine tolle Sauce aus einer normalen Gemüsepfanne machen kann.

Für ca. 1 l
30 Min. Zubereitung

2 Zwiebeln
4 Knoblauchzehen
4 Möhren
1 Aubergine
1 Zucchino
250 g Champignons
1 EL Olivenöl
1 EL dunkle Misopaste
4 EL Tomatenmark

1 Zwiebeln und Knoblauch schälen. Möhren putzen und schälen. Aubergine und Zucchino putzen. Die Champignons putzen, bei Bedarf mit einem trockenen Tuch abreiben. Alle Gemüse klein schneiden.

2 Das Olivenöl in einer Pfanne erhitzen und die Zwiebeln darin anbraten, bis sich erste Röstaromen bilden. Dann den Knoblauch 1 Min. mitbraten. Das restliche Gemüse in die Pfanne geben und alles so lange bei mittlerer Hitze anbraten, bis auch das restliche Gemüse Röstaromen gesammelt hat und die Flüssigkeit der Pilze vollständig reduziert ist.

3 Dann Miso und Tomatenmark untermischen und 2 Min. mitbraten. Das Gemüse mit 500 ml Wasser ablöschen, einmal aufkochen und abkühlen lassen. In einem Mixer fein mixen und in Schraubgläser abfüllen.

MAN HAT MIT DIESEM REZEPT ZWAR IMMER GLEICH EINE ETWAS GRÖSSERE MENGE SAUCE, ABER DIE KANN MAN AUCH SEHR GUT TIEFKÜHLEN.

A GSCHEIDE BROTZEIT

MANCHMAL MUSS ES EINFACH SCHNELL GEHEN ODER MANCHMAL HAT MAN EINFACH KEINE LUST ZU KOCHEN ODER MAN HAT MANCHMAL EINFACH LUST AUF AUFSTRICHE, SANDWICHES, BURGER & CO.

GRUNDREZEPT BASISGESCHMACK

Mir hilft es ungemein, wenn ich eine Art Basisgeschmack immer griffbereit, zum Beispiel im Gefrierfach, rumliegen habe. Er kommt in alle meine Aufstriche rein.

—

Für ca. 1,1 kg
45 Min. Zubereitung

8 Zwiebeln
8 Knoblauchzehen
1 Stück Ingwer (ca. 6 cm lang)
250 g Champignons
2 EL Olivenöl
Salz

1 Zwiebeln, Knoblauch und Ingwer schälen. Champignons putzen und trocken abreiben. Alle Zutaten klein schneiden.

2 Das Olivenöl in einer Pfanne erhitzen und die vorbereiteten Zutaten zusammen mit 1 Prise Salz darin bei kleiner Hitze so lange braten, bis gut sichtbare Röstaromen am Start sind. Dann eventuell die Röstaromen mit 1 Schuss Wasser vom Pfannenboden lösen.

3 Den Basisgeschmack könnt ihr am besten in Eiswürfelformen abfüllen, tiefkühlen und dann immer nach Bedarf zwei, drei Würfel verwenden. In Schraubgläser abgefüllt hält sich die Paste im Kühlschrank locker 1 Woche.

BASIS

SMOKEY PAPRIKA

Paprika und Rauch ist wie Weißbier und Weißwurst.
Das matcht einfach.

Für ca. 300 g
10 Min. Zubereitung
40 Min. Backen

1 rote Paprika
1 EL Olivenöl
Salz
40 g eingeweichte Mandeln
1 TL geräuchertes Paprikapulver
½ TL gemahlener Kreuzkümmel
¼ TL Ahornsirup
1 TL Aceto balsamico bianco
½ EL helle Misopaste
1 EL Olivenöl
120 g gekochte weiße Bohnen
½ TL Zimtpulver
1 gehäufter EL Basisgeschmack (s. S. 34)
ca. 100 g gekochte Quinoa (30 g Rohgewicht)
2 EL Röstzwiebeln (Fertigprodukt oder selbst gemacht)

1 Den Backofen auf 180° Umluft vorheizen. Die Paprika waschen, längs halbieren, von Kernen und weißen Trennwänden befreien und in Stücke schneiden. Paprikastücke, Olivenöl und 1 Prise Salz auf einem Backblech mischen, verteilen und im heißen Ofen (Mitte) in 30–40 Min. rösten, bis sich sichtbare Röstaromen bilden.

2 Dann alle Zutaten bis auf die Quinoa und die Röstzwiebeln zusammen mit 2–3 EL Wasser in einen Standmixer geben und glatt mixen. Anschließend Quinoa und die Röstzwiebeln unterheben. Den Smokey-Paprika-Aufstrich nach Belieben mit Salz abschmecken.

AUBERGINEN-KIDNEY-AUFSTRICH

Ich weiß nie so recht, was ich zu gerösteten Auberginen sagen soll. Außer: richtig gutes Zeug, richtig gut! Müsst ihr mal probieren.

—

Für ca. 300 g
10 Min. Zubereitung
40 Min. Backen

1 Aubergine
2 EL Olivenöl
Salz
120 g gekochte Kidneybohnen
1 gehäufter EL Basisgeschmack (s. S. 34)
ca. 100 g gekochte Hirse (30 g Rohgewicht)
½ EL dunkle Misopaste
1 TL Sojasauce
1 Prise Zucker
1 Schuss Zitronensaft
40 g eingeweichte Walnusskerne
½ TL getrockneter Majoran

1 Den Backofen auf 180° Umluft vorheizen. Die Aubergine putzen, waschen und in Stücke schneiden. Auberginenstücke, 1 EL Olivenöl und 1 Prise Salz auf einem Backblech mischen, verteilen und im heißen Ofen (Mitte) 30–40 Min. rösten, bis sich sichtbare Röstaromen bilden.

2 Geröstete Aubergine, restliches Olivenöl (1 EL) sowie alle anderen Zutaten in den Standmixer geben und glatt mixen. Wenn der Mixer nicht sofort greift, immer wieder einen kleinen Schuss Wasser dazugeben, bis die Messer losmixen. Den Aufstrich bei Bedarf mit etwas Salz abschmecken.

SÜSSKARTOFFEL-HUMMUS-AUFSTRICH

Süßkartoffeln sind ein wirklich hervorragendes Gemüse für Menschen, die an Diabetes Typ 2 leiden (für alle anderen natürlich auch). Der in den Patatas enthaltene Stoff Caiapo senkt den Nüchternblutzucker nachweislich und darf hier gerne as oft as possible gegessen werden.

—

Für ca. 300 g
10 Min. Zubereitung
40 Min. Backen

- 1 mittelgroße Süßkartoffel
- 1 EL Olivenöl
- Salz
- ½ Bund Koriandergrün
- 120 g gekochte Kichererbsen
- 1 gehäufter EL Tahin (Sesammus)
- ½ TL gemahlene Kurkuma
- 1 TL gemahlener Kreuzkümmel
- 1 Schuss Zitronensaft
- 1 Handvoll eingeweichte getrocknete Tomaten
- 1 gehäufter EL Basisgeschmack (s. S. 34)
- ca. 100 g gekochte Gerste (40 g Rohgewicht)

1 Den Backofen auf 180° Umluft vorheizen. Die Süßkartoffel gründlich waschen und in Stücke schneiden. Die Süßkartoffelstücke, Olivenöl und 1 Prise Salz auf einem Backblech mischen, verteilen und im heißen Ofen (Mitte) 30–40 Min. rösten, bis sich sichtbare Röstaromen bilden. Inzwischen das Koriandergrün waschen, trocken schütteln und fein hacken.

2 Dann alle Zutaten bis auf das Koriandergrün im Mixer zu einer homogenen Creme mixen und mit Salz abschmecken. Zum Schluss den Koriander unterheben.

GREEN VERDE

Hätte Oscar Wilde mal lieber dieses Grün ausprobiert und die Finger vom Absinth gelassen. Wir verwenden nur den Strunk des Brokkoli, da die Röschen hier verschwendet wären. Hebt euch die lieber im Kühlschrank für das nächste Pfannengericht auf. Dann habt ihr mehr davon.

—

Für ca. 300 g
10 Min. Zubereitung
40 Min. Backen

1 Brokkolistrunk
1 EL Olivenöl
Salz
120 g gekochte Erbsen
1 gehäufter EL Cashewmus
2 TL Ume Su (asiatischer Aprikosenessig; ersatzweise 1–2 TL Kimchi)
1 TL Lieblings-Currypulver
ca. 100 g gekochte Quinoa (30 g Rohgewicht)
1 gehäufter EL Basisgeschmack (s. S. 34)

1 Den Backofen auf 180° Umluft vorheizen. Den Brokkolistrunk waschen, schälen und in Stücke schneiden. Brokkolistücke, das Olivenöl und 1 Prise Salz auf einem Backblech mischen, verteilen und im heißen Ofen (Mitte) 30–40 Min. rösten, bis sich sichtbare Röstaromen bilden.

2 Alle Zutaten bis auf den Basisgeschmack glatt mixen. Zum Schluss den Basisgeschmack unter den Aufstrich heben und diesen mit Salz abschmecken.

PASTINAKEN-LINSEN-AUFSTRICH

Pastinaken finden viel zu wenig Anerkennung und deswegen erkennen wir hiermit das wundervolle Gemüse Pastinaken an. Ofenpastinaken haben zwar einen dominanten, aber leckeren Eigengeschmack.

Für ca. 300 g
10 Min. Zubereitung
40 Min. Backen

1 Pastinake
1 EL Olivenöl
Salz
ca. 120 g gekochte rote Linsen (50 g Rohgewicht)
1–2 EL Aceto balsamico
1 Handvoll Kalamata-Oliven (entsteint)
½ TL getrockneter Thymian
½ TL getrockneter Oregano
40 g Macadamianusskerne
1 TL Vollrohrzucker
1 gehäufter EL Basisgeschmack (s. S. 34)
ca. 100 g gekochter Vollkornreis (40 g Rohgewicht)

1 Den Backofen auf 180° Umluft vorheizen. Die Pastinake putzen, schälen und in Stücke schneiden. Pastinakenstücke, das Olivenöl und 1 Prise Salz auf einem Backblech mischen, verteilen und im heißen Ofen (Mitte) 30–40 Min. rösten, bis sich sichtbare Röstaromen bilden.

2 Dann alle Zutaten in den Standmixer geben und glatt mixen. Den Aufstrich bei Bedarf mit Salz abschmecken.

DIE BLÄTTER VOM KOHLRABI SCHMEISST IHR NICHT WEG, DENN DIE KANN MAN ESSEN UND ZUM BEISPIEL WIE SPINAT ZUBEREITEN.

ROTE-BETE-BOHNEN-SANDWICH

Ich kenne keine Patties, die schneller, einfacher und geschmacksintensiver hergestellt werden als diese hier. Und deswegen passen sie so unglaublich gut auf ein Sandwich.

—

Für 4 Portionen
45 Min. Zubereitung

- 1 Kohlrabi
- 80 ml Aceto balsamico bianco
- 1 EL Dattelsirup
- 100 g Erbsen-Chunks
- 3 EL Sojasauce
- 1 große Rote Bete
- 400 g Kidneybohnen (aus der Dose; abgetropft)
- 1 Zwiebel
- 4 Knoblauchzehen
- 100 g Kichererbsenmehl
- 50 g Maisgrieß
- 2 EL Olivenöl
- 300 g Joghurt (3,8 % Fett)
- 1 TL helle Misopaste
- 1 TL Zitronensaft
- ½ TL Ahornsirup
- 1 Bund Frühlingszwiebeln
- 1 Baguette

1 Für das Topping den Kohlrabi putzen, schälen und in dünne Scheiben hobeln. Kohlrabi, Essig und Dattelsirup in einer Schüssel gut durchkneten und beiseitestellen.

2 Für die Patties die Erbsen-Chunks und 1 EL Sojasauce in eine Schüssel geben. Mit 300 ml kochendem Wasser übergießen und 10 Min. ziehen lassen, in erbsengroße Stücke schneiden. Die Rote Bete putzen, schälen und grob raspeln. Rote-Bete-Raspel, Erbsen-Chunks und Kidneybohnen in eine Schüssel geben. Zwiebel und 3 Knoblauchzehen schälen, klein schneiden und zusammen mit restlicher Sojasauce (2 EL), 70 g Kichererbsenmehl und Maisgrieß mit in die Schüssel geben. Alles mit einem Kartoffelstampfer zerdrücken. Wenn die Bohnen größtenteils zerdrückt sind und der Teig sich beim Kneten griffig und fest anfühlt, handtellergroße Patties daraus formen. Ist die Masse noch zu weich, noch etwas Kichererbsenmehl unterkneten. Olivenöl in einer Pfanne erhitzen und Patties darin bei mittlerer Hitze auf beiden Seiten knusprig anbraten.

3 Für die Sauce die restliche Knoblauchzehe schälen und zum Joghurt in eine Schüssel pressen. Misopaste, Zitronensaft und Ahornsirup gut untermischen. Frühlingszwiebeln putzen, waschen und in feine Ringe schneiden. Das Baguette aufschneiden. Einen Teil der Sauce auf der unteren Baguettehälfte verteilen, darauf die Kohlrabischeiben, dann die Patties verteilen. Die Patties mit Sauce beträufeln und mit Frühlingszwiebeln bestreuen. Baguettedeckel drauf, fertig.

TOFU-SANDWICH MIT SAUCE TARTARE

Oder wie man Vietnam mit Frankreich fusioniert. Ich mach vom sauren Gemüse gerne immer gleich mehr, denn das kann man immer und überall verwenden. Im Kühlschrank hält sich das locker ein paar Tage.

Für 4 Portionen
45 Min. Zubereitung

1 Stück Ingwer (5 cm lang)
1 Möhre
100 g Rotkohl
¼ Salatgurke
5 EL Aceto balsamico bianco
7 EL Ahornsirup
1 TL helle Misopaste
4 sauer-salzig eingelegte Pfefferoni
4 Cornichons
2 EL Kapern
8 EL Mayonnaise
2 EL Pfefferoni-Flüssigkeit
400 g Tofu
4 EL Speisestärke
4 Orangen
1 Zitrone
8 Knoblauchzehen
4 EL Sojasauce
3 EL Olivenöl
1 Chicorée
1 Baguette

1 Für das saure Gemüse den Ingwer schälen, die Möhre putzen und schälen, den Rotkohl und das Gurkenstück waschen und putzen. Dann alles in dünne Julienne-Streifen schneiden und mit Essig, 1 EL Ahornsirup und Misopaste in einer Schüssel gut mischen. Für die Sauce Tartare Pfefferoni, Cornichons und Kapern in sehr kleine Stücke schneiden, dann zusammen mit Mayonnaise und Pfefferoni-Flüssigkeit in eine Schale geben und verrühren.

2 Für den glasierten Tofu den Tofu in Rechtecke schneiden und von allen Seiten gut mit Stärke bedecken. Den Saft der Orangen und der Zitrone auspressen. Knoblauch schälen und grob reiben. Zitrusfruchtsaft, Knoblauch, restlichen Ahornsirup (6 EL) und Sojasauce in einer Schale mischen. Das Olivenöl in einer beschichteten Pfanne erhitzen und die Tofustücke darin rundherum knusprig anbraten, dann aus der Pfanne heben. Die Marinade in die Pfanne gießen und sirupartig einkochen lassen. Den Tofu wieder in die Pfanne legen und rundherum glasieren.

3 Chicorée waschen, putzen, in feine Streifen schneiden. Baguette aufschneiden. Die untere Baguettehälfte mit Sauce Tartare bestreichen. Zuerst Chicoréestreifen, dann glasierten Tofu daraufgeben. Ein bisschen Marinade in die freien Spalten zwischen den Tofustücken träufeln und das saure Gemüse darauf verteilen. Noch mal etwas Sauce Tartare und Chicorée obendrauf, Deckel auflegen, fertig.

FÜR EINE VEGANE MAYO 100 G VORGEKOCHTE CASHEWKERNE, 100 ML OLIVENÖL, 100 ML SOJADRINK, 2 EL ACETO BALSAMICO BIANCO, 1 TL DIJONSENF UND 1 PRISE SALZ GLATT MIXEN.

ERBSEN-TEMPEH-SANDWICH

Wenn ihr wissen wollt, wie man Tempeh selber macht, sagt Bescheid, dann schreibe ich ein drittes Buch!

Für 4 Portionen
45 Min. Zubereitung

Crispy Tempeh:
400 g Tempeh
je ½ Zitrone und Limette
1 gehäufter EL helle Misopaste
1 gehäufter EL süßer Senf
4 EL Olivenöl
ca. 6 EL Vollkorn-Semmelbrösel

Erbsenstampf:
250 g TK-Erbsen
1 Knoblauchzehe
Salz
1 Schuss Olivenöl

Zwiebel-Topping:
1 rote Zwiebel
1 TL Ume Su (asiatischer Aprikosenessig)

Außerdem:
1 Olivenfladenbrot
1 Portion Sauce Tartare (s. S. 48)

1 Für den crispy Tempeh den Tempeh in vier gleich große Scheiben schneiden und in eine Schüssel legen. Den Saft der Zitronen- und Limettenhälfte darüberpressen. Miso, süßen Senf und 1 EL Olivenöl dazugeben und alles gut vermischen. Semmelbrösel darüberstreuen, sodass alle Tempehscheiben gut mit Bröseln bedeckt sind. Restliches Olivenöl (3 EL) in einer Pfanne erhitzen und die Tempehscheiben darin rundherum goldbraun anbraten.

2 Für den Erbsenstampf die gefrorenen Erbsen in einer Schüssel mit kochendem Wasser übergießen und 10 Min. stehen lassen. Dann das Wasser abgießen. Die Knoblauchzehe schälen, fein reiben und zusammen mit 1 Prise Salz und dem Olivenöl zu den Erbsen geben. Alles mit dem Kartoffelstampfer zu einem Püree zerdrücken.

3 Für das Topping die Zwiebel schälen und in dünne Scheiben schneiden. Zwiebelringe und Ume Su in einer Schüssel mischen und 10 Min. ruhen lassen.

4 Das Fladenbrot wie ein Brötchen aufschneiden, beide Seiten auf den Schnittflächen mit Sauce Tartare bestreichen, mit paniertem Tempeh belegen. Den Erbsenstampf auf dem Tempeh verteilen und zum Schluss mit den Zwiebeln toppen. Den Brotdeckel auflegen, fertig.

TOFU-BLUMENKOHL-MASALA-FLADEN

Für alle, die nur Chicken Masala kennen,
mache ich jetzt ein Blumenkohl Masala – und zwar als Sandwich.

—

Für 4 Portionen
45 Min. Zubereitung

600 g Blumenkohl
2 Bio-Zitronen
4 TL Garam Masala
8 TL getrocknete Kräutermischung
9 EL Joghurt (3,8 % Fett)
Salz
4 EL Olivenöl
1 großes Bund + 4 Stängel Koriandergrün
1 kleines Bund Zitronenmelisse
4 Knoblauchzehen
2 TL Ahornsirup
1 Msp. gemahlener Kreuzkümmel
4 Tomaten
1 TL helle Misopaste
1 kleiner Zucchino
1 Bund Frühlingszwiebeln
400 g Tofu
1 Dönerfladenbrot

1 Den Backofen auf 180° Umluft vorheizen. Für das Masala den Blumenkohl putzen, waschen und in flache Scheiben schneiden. 1 Zitrone heiß waschen, abtrocknen, die Schale fein abreiben und den Saft auspressen. Blumenkohlscheiben, Zitronensaft und -schale, Garam Masala, Kräutermischung, 6 EL Joghurt, Salz und 2 EL Olivenöl in einer Schüssel mischen, auf einem Backblech verteilen und im heißen Backofen (Mitte) 20–30 Min. backen.

2 Den Saft der restlichen Zitrone auspressen. Koriandergrünbund und Zitronenmelisse waschen, trocken schütteln. Knoblauch schälen. Die frischen Kräuter, den Zitronensaft, 2 Knoblauchzehen, Ahornsirup, Kreuzkümmel und Salz im Standmixer grob durchmixen. Für die Joghurt-Tomaten die Tomaten waschen, von den Stielansätzen befreien und klein würfeln. Restlichen Koriander (4 Stängel) waschen, trocken schütteln und fein hacken. Die restlichen 2 Knoblauchzehen fein hacken. Tomaten, Koriandergrün, Knoblauch, restlichen Joghurt (3 EL) und Miso in einer Schale mischen.

3 Zucchino putzen, waschen und in ganz dünne Scheiben schneiden. Die Frühlingszwiebeln putzen, waschen und in feine Ringe schneiden. Den Tofu in 1 cm dicke Rechtecke schneiden. Restliches Olivenöl (2 EL) in einer Pfanne erhitzen und den Tofu darin bei mittlerer Hitze rundherum knusprig braten. Fladenbrot wie ein Brötchen aufschneiden und die Schnittflächen mit Kräutern bestreichen. Die untere Brothälfte mit Zucchinischeiben belegen. Tofu, Blumenkohl, Tomaten und Frühlingszwiebeln daraufschichten, Deckel auflegen.

CHEF-SANDWICH

Besondere Dinge macht man nicht immer,
weil sie sonst nichts Besonderes mehr sind.

—

Für 4 Portionen
45 Min. Zubereitung

Fancy Auberginen:
2 große Auberginen
4 Knoblauchzehen
2 EL helle Misopaste
2 EL Ume Su (asiatischer Aprikosenessig)
2 EL Olivenöl
2 EL Ahornsirup

Sesamsauce:
1 Knoblauchzehe
1 Limette
8 EL gesalzenes Tahin (Sesammus)
2 TL Ahornsirup
1 Prise Salz

Außerdem:
2 große Tomaten
1 Salatgurke
4 hart gekochte Eier
1 Bund Frühlingszwiebeln
1 Bund Koriandergrün
1 Bund Petersilie
4 Handvoll Oliven (entsteint)
1 knuspriges Weißbrot

1 Für die Auberginen den Backofen auf 180° Umluft vorheizen. Die Auberginen putzen, waschen und quer in Scheiben schneiden. Den Knoblauch schälen, fein reiben. Auberginenscheiben und Knoblauch in einer Schüssel mit den restlichen Fancy-Auberginen-Zutaten richtig gut vermengen, bis die Auberginen mit der Marinade überzogen sind. Die Auberginen auf ein mit Backpapier belegtes Blech legen und im Ofen (Mitte) 10 Min. backen. Die Scheiben wenden und nochmals 5–10 Min. backen. Darauf achten, dass nichts verbrennt.

2 Für die Sesamsauce die Knoblauchzehe schälen und fein reiben. Den Saft der Limette auspressen. Limettensaft, Knoblauch, Tahin, Ahornsirup und Salz in einer Schale zu einer geschmeidigen Sauce vermischen. So viel Wasser unterrühren, bis die Sauce mehr flüssig als fest ist, aber nicht wässrig.

3 Die Tomaten waschen, von den Stielansätzen befreien. Die Gurke waschen und putzen. Die Eier pellen. Alle drei Zutaten in dünne Scheiben schneiden. Frühlingszwiebeln putzen, waschen und in feine Ringe schneiden. Die Kräuter waschen, trocken schütteln und die Blätter abzupfen. Kräuter und Oliven fein hacken.

4 Das Brot wie ein Brötchen aufschneiden. Die Schnittflächen beider Hälften mit Sesamsauce bestreichen. Erst Gurkenscheiben, dann der Reihe nach Auberginenscheiben, Frühlingszwiebeln, Oliven, Tomatenscheiben, Eierscheiben, Kräuter und noch mal etwas Sesamsauce daraufschichten. Deckel drauf, fertig.

NIEMAND-WEISS-WIE-MAN-ES-ISST-SANDWICH

Also ich weiß schon, wie man es isst. Mund auf, Sandwich rein, Mund zu. Alles vom Teller aufsammeln, schauen, dass keiner zuschaut, Mund auf, alles rein, Mund zu!

Für 4 Portionen
45 Min. Zubereitung

8 Knoblauchzehen
4 EL Olivenöl
2 EL Tomatenmark
400 g gekochte weiße Bohnen
1 EL Vollrohrzucker
3 EL Sojasauce
1 TL geräuchertes Paprikapulver
500 g Kräuterseitlinge
1 TL helle Misopaste
1 Bund Frühlingszwiebeln
4 große Tomaten
1 gelbe Paprika
1 kleiner Zucchino
1 Bund Petersilie
2 TL Ume Su (asiatischer Aprikosenessig)
4 Kartoffelbrötchen

1 Für die Bohnenpaste 4 Knoblauchzehen schälen und grob reiben. 1 EL Olivenöl in einer Pfanne erhitzen und den Knoblauch darin anbraten. Das Tomatenmark dazugeben und 1 Min. mitbraten. Dann Bohnen, Zucker, Sojasauce und Paprikapulver dazugeben und unter ständigem Rühren weitere 2 Min. braten. Alles in den Standmixer geben, in der Pfanne die Röstaromen am Boden mit 100 ml Wasser lösen und alles in den Mixbehälter geben. Mixen und noch so viel Wasser dazugeben, dass eine cremige Bohnenpaste entsteht.

2 Die Pilze am Kopfansatz trennen und den Bauch mit einer Gabel in Streifen zupfen. Die Pilzköpfe halbieren. Restliche 4 Knoblauchzehen schälen und fein reiben. 2 EL Olivenöl in der Pfanne erhitzen und die Pilze darin knusprig braten. Knoblauch dazugeben, kurz mitbraten, bis er duftet. Miso unterrühren und mit 1 Schuss Wasser die Röstaromen vom Pfannenboden lösen.

3 Für das Gemüse die Frühlingszwiebeln putzen und waschen. Die Tomaten waschen, von den Stielansätzen befreien. Die Paprika waschen, längs halbieren, von Kernen und weißen Trennwänden befreien. Zucchino putzen und waschen. Alle vier Gemüse klein würfeln. Petersilie waschen und trocken schütteln, die Blätter abzupfen und fein hacken. Gemüse, Petersilie, restliches Olivenöl (1 EL) und Ume Su mischen. Brötchen aufschneiden und alle Schnittflächen mit Bohnenpaste bestreichen. Auf die unteren Brötchenhälften richtig viele Pilze und dann Gemüse schichten. Deckel drauf.

ALS ALTERNATIVE ZU UME SU KANN MAN AUCH EINFACH ETWAS SALZ UND ACETO BALSAMICO BIANCO MISCHEN.

WRAP-FLADEN

Bevor wir uns ums Befüllen kümmern, stelle ich euch verschiedene Fladen vor. Dann habt ihr immer gleich die Auswahl zwischen klassisch und ein bisschen anders. Weil etwas Abwechslung beim Fladen nicht schlecht sein kann, oder?

KLASSISCHE FLADEN

Für 6 Stück **250 g Mehl, 250 g Kokosghurt** und **1 Prise Salz** in einer Schüssel zu einem festen Teig kneten. Daraus sechs gleich große Kügelchen formen und diese mit einem Nudelholz auf leicht bemehlter Arbeitsfläche flach ausrollen. Die Fladen nacheinander in einer heißen Pfanne ohne Fett von beiden Seiten in 1–2 Min. ausbacken, bis sie Blasen werfen und braune Stellen bekommen.

LINSENFLADEN

Für 6 Stück **150 g rote Linsen** waschen. Dann über Nacht in frischem Wasser einweichen. Linsen abgießen, zusammen mit **200 ml Wasser, ½ TL Salz, 1 Knoblauchzehe, 1 TL Olivenöl** und **1 TL Lieblings-Currypulver** im Standmixer glatt pürieren. Eine beschichtete Pfanne ohne Fett bei mittlerer Hitze erwärmen. Eine Teigportion darin verteilen und in 2–3 Min. pro Seite langsam durchgaren. Die Fladen dürfen innen nicht mehr flüssig sein, sollen sich aber noch gut biegen lassen.

KÜCHEN-HACK

Die Fladen nicht zu groß machen, dann lassen sie sich leichter wenden. Der erste wird immer suboptimal – der gehört der Oma, sagt man in Bayern.

MUNGBOHNENFLADEN

Für 6 Stück **100 g Mungbohnen** und **50 g Basmati-Reis** in einer Schüssel immer wieder in frischem Wasser so lange waschen, bis das Wasser klar bleibt. Dann über Nacht in frischem Wasser einweichen. **1 Handvoll Spinat** putzen, waschen und abtropfen lassen. Bohnen und Reis abgießen, zusammen mit Spinat, **½ TL Salz, 1 TL Olivenöl, 1 Msp. frisch geriebener Muskatnuss** und **200 ml Wasser** im Standmixer glatt pürieren. Wie bei den Linsenfladen (s. S. 58) beschrieben in einer beschichteten Pfanne backen.

KICHERERBSENFLADEN

Für 6 Stück **100 g Kichererbsen** und **50 g Basmati-Reis** in einer Schüssel immer wieder in frischem Wasser so lange waschen, bis das Wasser klar bleibt. Dann über Nacht in frischem Wasser einweichen. **1 Stück Ingwer (5 cm lang)** schälen und fein reiben. Kichererbsen und Reis abgießen, zusammen mit Ingwer, **½ TL gemahlener Kurkuma, ½ TL Salz, 1 TL Olivenöl** und **250 ml Wasser** im Standmixer glatt pürieren. Wie bei den Linsenfladen (s. S. 58) beschrieben in einer beschichteten Pfanne backen.

IM ENDEFFEKT KÖNNT IHR NACH DIESEM PRINZIP ALLE MÖGLICHEN FLADENKREATIONEN ERSTELLEN. SEID EINFACH KREATIV.

PILZ-SHAWARMA-WRAP

Das Highlight für mich hier ist der Hirsesalat. Der bringt eine unglaubliche Frische in den Wrap. Und wenn mal keiner hinschaut, dann hau ich mir den auch gerne mal einfach so rein. Löffelweise.

—

Für 4 Portionen

45 Min. Zubereitung

Hirsesalat:

150 g Hirse
1 rote Paprika
1 Salatgurke
1 Stange Staudensellerie
½ Bund Petersilie
½ Bund Koriandergrün
½ Bund Minze
2 Knoblauchzehen
1 Stück Ingwer (5 cm lang)
1 Bund Frühlingszwiebeln
1 Bio-Zitrone
2 EL Olivenöl
1 EL helle Misopaste

HIRSESALAT:

Für den Salat die Hirse in einer Schüssel immer wieder mit frischem Wasser so lange waschen, bis das Wasser klar bleibt. Dann die Hirse zusammen mit 300 ml Wasser in einem Topf einmal aufkochen. Hirse bei kleinster Hitze zugedeckt 8 Min. garen. Mit einem Stäbchen oder einer Gabel die Hirse einmal komplett durchmischen und anschließend zugedeckt ohne Hitzezufuhr weitere 10 Min. ruhen lassen.

Paprika waschen, längs halbieren, von Kernen und weißen Trennwänden befreien. Salatgurke und Sellerie waschen und putzen. Alle drei Gemüse klein würfeln. Die Kräuter waschen und trocken schütteln, die Blätter abzupfen und fein hacken. Knoblauch und Ingwer schälen und fein hacken. Frühlingszwiebeln putzen, waschen und in feine Ringe schneiden. Die Zitrone heiß waschen, abtrocknen, die Schale fein abreiben und den Saft auspressen. Alle Zutaten für den Hirsesalat in einer Schüssel gründlich mischen.

BITTE UMBLÄTTERN →

Saure Zwiebeln:

2 Zitronen
4 rote Zwiebeln
½ TL Salz

Pilz-Shawarma:

600 g Kräuterseitlinge und Austernpilze
4 Knoblauchzehen
1 Bio-Zitrone
1 Handvoll Minze
2 EL Speisestärke
½ TL Salz
1 TL gemahlener Koriander
2 TL getrockneter Thymian
2 TL geräuchertes Paprikapulver
1 TL getrockneter Majoran
1 TL gemahlener Kreuzkümmel
½ TL Zimtpulver
2 Kapseln Kardamom
½ TL Chilischrot
1 EL Hefeflocken
1 TL Knoblauchpulver
1 TL Zwiebelpulver
2 EL Olivenöl

SAURE ZWIEBELN:

Den Saft der Zitronen auspressen. Die Zwiebeln schälen, in dünne Streifen schneiden, mit Zitronensaft und Salz in einer Schüssel mischen und durchziehen lassen.

PILZ-SHAWARMA:

Die Pilze mit den Fingern in mundgerechte Stücke zupfen, Den Knoblauch schälen und grob reiben. Die Zitrone heiß waschen, abtrocknen, die Schale fein abreiben und den Saft auspressen. Die Minze waschen, trocken schütteln und grob zerzupfen. Pilze, Knoblauch, Zitronensaft und -schale mit den restlichen Shawarma-Zutaten bis auf das Olivenöl in einer Schüssel mischen und 20 Min. durchziehen lassen. Dann das Olivenöl in einer Pfanne erhitzen und die Pilzmischung darin knusprig braten.

SAUCE:

Den Knoblauch schälen und den Saft der Zitrone auspressen. Alle Saucenzutaten in den Standmixer geben und zu einer glatten Sauce pürieren. Am besten die Sauce erst kurz vor dem Servieren zubereiten und frisch genießen.

Auf den Fladen deiner Wahl (s. S. 58/59) reichlich Hirsesalat verteilen, Pilze und saure Zwiebeln daraufschichten und alles mit der Sauce beträufeln. Die Wraps nicht zusammenrollen, da das wegen der üppigen Fülllung sowieso nicht geht, sondern direkt genießen.

Sauce:
4 Knoblauchzehen
1 Zitrone
400 g Seidentofu
½ TL Salz
1 TL getrockneter Thymian

Außerdem:
Wrap-Fladen nach Wahl (s. S. 58/59)

GEWÜRZE SPIELEN MENGENMÄSSIG ZWAR EHER EINE NEBENROLLE, ABER AUCH SIE KÖNNEN HAPPYMAKER SEIN: CHILI UND ZIMT ZUM BEISPIEL.

FALAFEL-WRAP

Wenn ich die Falafeln mal nicht einfach so esse, was man auf jeden Fall auch tun kann, weil sie so lecker sind, dann packe ich sie in einen Wrap.

Für 4 Portionen

45 Min. Zubereitung

1 Bio-Zitrone
6 Knoblauchzehen
250 g Joghurt (3,8 % Fett)
1 EL helle Misopaste
50 g gerösteter Sesam
1 Schuss + 2 EL Olivenöl
3 Zwiebeln
1 Stück Ingwer (5 cm lang)
1 Bund Petersilie
500 g gekochte Kichererbsen
½ TL gemahlene Kurkuma
1 TL gemahlener Kreuzkümmel
¼ TL Zimtpulver
1 EL Tomatenmark
1 EL dunkle Misopaste
20 g Hanfsamen
60 g Kichererbsenmehl
1 Tomate
1 Salatgurke
100 g Feldsalat
Wrap-Fladen nach Wahl (s. S. 58/59)

1 Für die Sauce den Saft ½ Zitrone auspressen. 2 Knoblauchzehen schälen. Zitronensaft, Knoblauch, Joghurt, helles Miso, Sesam und 1 Schuss Olivenöl im Standmixer pürieren.

2 Für die Falafeln 2 Zwiebeln, restliche 4 Knoblauchzehen und Ingwer schälen. Zwiebeln fein hacken, Knoblauch und Ingwer reiben. Petersilie waschen, trocken schütteln und fein hacken. Die restliche Zitronenhälfte heiß waschen, abtrocknen und die Schale fein abreiben. Den Saft auspressen. Die Kichererbsen in einem hohen Rührbecher mit dem Pürierstab grob mixen. Zusammen mit Zwiebeln, Knoblauch, Ingwer, Petersilie, Kurkuma, Kreuzkümmel, Zimt, Tomatenmark, dunklem Miso, Hanfsamen und Kichererbsenmehl in einer Schüssel mit der Hand so lange verkneten, bis ein angenehm griffiger Teig entsteht. Daraus kleine Kügelchen formen. Das restliche Olivenöl (2 EL) in einer beschichteten Pfanne erhitzen, die Falafeln mit einem Löffel etwas flach drücken und von beiden Seiten im heißen Öl in der Pfanne knusprig braten. Warm halten.

3 Die Tomate waschen, vom Stielansatz befreien. Gurke putzen und waschen. Die restliche Zwiebel schälen. Alle drei Zutaten in dünne Scheiben schneiden. Den Feldsalat putzen, waschen und trocken schleudern.

4 Die Fladen mit Salat, Gurken- und Tomatenscheiben belegen. Falafeln und Zwiebelringe darauf verteilen. Alles mit Sauce beträufeln. Zusammenrollen klappt nicht.

WER MAL LUST AUF FLEISCH HAT,
KANN STATT TOFU AUCH
DIE GLEICHE MENGE RINDERHACKFLEISCH
FÜR DIE WRAPFÜLLUNG BRATEN.

NICHT-MEXICAN-STYLE-WRAP

Ich weiß nicht, wer auf die Idee gekommen ist, Mais mit Bohnen zu mischen und es dann mexikanisch zu nennen. Das hat so viel mit Mexiko zu tun wie Labskaus mit Bayern. Aber schmecken tut es trotzdem extrem gut.

Für 4 Portionen
45 Min. Zubereitung

400 g Räuchertofu
100 g Blattspinat
je 100 g Mais und Kidneybohnen (aus der Dose; abgetropft)
2 Zwiebeln
4 Knoblauchzehen
2 Handvoll getrocknete Tomaten
1 EL Olivenöl
2 TL dunkle Misopaste
2 EL Tomatenmark
2 TL getrockneter Thymian
Wrap-Fladen nach Wahl (s. S. 58/59)

1 Den Tofu mit den Fingern zerkrümeln. Den Spinat putzen, waschen und trocken schleudern. Mais und Kidneybohnen in ein Sieb abgießen, abspülen und abtropfen lassen. Die Zwiebeln schälen und fein hacken. Knoblauch schälen und fein reiben. Die getrockneten Tomaten in einer Schüssel mit 200 ml kochendem Wasser übergießen, 5 Min. ziehen lassen, dann abgießen, aber das Einweichwasser auffangen. Die Tomaten klein hacken.

2 Das Olivenöl in einer Pfanne erhitzen und die Zwiebeln darin anbraten. Die eingeweichten Tomaten zu den Zwiebeln geben und 1 Min. mitbraten. Miso und Tomatenmark dazugeben und mitbraten, bis sich Röstaromen bilden. Die Tofukrümel dazugeben und so lange braten, bis sich auch hier gut Röstaromen bilden. Knoblauch und Thymian dazugeben und 1–2 Min. mitbraten. Das Einweichwasser der getrockneten Tomaten angießen und so lange kochen, bis sich die Röstaromen vom Pfannenboden gelöst haben und die Flüssigkeit komplett reduziert ist.

3 Zuerst Spinat, dann Tofu-Mischung und zuletzt Mais und Kidneybohnen auf den Wrap-Fladen verteilen. Wraps zusammenrollen und genüsslich reinbeißen.

BURGER-PATTIES

Bevor ich euch jetzt einfach drei oder vier Burger-Rezepte aufschreibe, bleiben wir hier unserem Baukastenprinzip treu. Ich liefere euch die Burger-Bausteine und ihr entscheidet dann selbst, wie ihr die durchkombiniert.

DER BESTE PATTY DER WELT

Für 4 Patties den Backofen auf 180° Umluft vorheizen. **500 g gekochte Kidneybohnen** auf einem Backblech verteilen und im Ofen (Mitte) 20 Min. backen. Anschließend zusammen mit **1 Rezept Umami Bratpaprika (s. S. 75), 1 Rezept BBQ-Sauce (s. S. 73), 120 g gerösteten Cashewkernen, 100 g zerkrümeltem festen Ziegenkäse, 1 kleinen Tasse Semmelbrösel** und **2 Eiern** in einer Schüssel vermengen und mit beiden Händen durchkneten, bis ein fester Teig entsteht. Vier Patties daraus formen und in **Olivenöl** anbraten.

LINSENBRATLINGE

Für 2 Stück **100 g rote Linsen** und ca. **200 ml Gemüsebrühe** in einem Topf aufkochen und zugedeckt bei kleiner Hitze garen, bis die Flüssigkeit vollständig von den Linsen aufgenommen wurde. Inzwischen **60 g Walnusskerne** hacken. Linsen, Walnüsse und **30 g Vollkorn-Semmelbrösel** mit dem Pürierstab durchmixen. Mit **Salz** und **Pfeffer** abschmecken, zu Patties formen und in **Olivenöl** anbraten.

PROTEINE FÜR DIE SEELE

Die Linsenbratlinge enthalten ähnlich viel Eiweiß wie Rindfleisch-Patties. Die Kombi aus Nüssen, Getreide und Hülsenfrüchten sorgt für ein Aminosäureprofil, das den Körper happy macht.

TOFUBRATLINGE

Für 2 große Bratlinge **1 EL Olivenöl** in einer Pfanne erhitzen und **1 gehackte rote Zwiebel** darin anbraten, bis Röstaromen entstehen, dann **2 Handvoll grob zerquetschte Champignons** zugeben. Wenn die Pilze Flüssigkeit abgeben, die Röstaromen vom Pfannenboden lösen, **4 fein gehackte Knoblauchzehen, 2 TL geriebenen Ingwer, 1 EL Tomatenmark** und **1 EL dunkle Misopaste** dazugeben. 2–3 Min. mitbraten, bis wieder Röstaromen entstehen. Mit **100 ml Gemüsebrühe** ablöschen. Zwiebel-Pilz-Mix, **2 Handvoll fein gehackten Spinat, 200 g zerkrümelten Tofu, 60 g Vollkorn-Semmelbrösel** und **½ geriebene Rote Bete** in einer Schüssel vermengen und Patties daraus formen. In **Olivenöl** anbraten.

DAS SCHÖNE AN PLANT BASED PATTIES IST EINFACH, DASS MAN TATSÄCHLICH ZIEMLICH EINFACH DIE WICHTIGSTEN SEELENFUTTER-EIWEISS- UND -KOHLENHYDRATKOMPONENTEN MITEINANDER KOMBINIEREN KANN.

KICHERERBSEN-SEITAN-BRATLING

Seitan ist eine unglaubliche Allzweckwaffe, die bei mir immer öfter zum Einsatz kommt. Damit kann man einfach extrem flexibel extrem einfach das Aminosäureprofil diverser Lebensmittel aufwerten.

—

Für 6 Stück
45 Min. Zubereitung
8 Std. Einweichen
1 Std. Kochen

- 100 g getrocknete Kichererbsen
- 1 EL helle Misopaste
- 200 g Seitanpulver
- 100 g Mehl
- 1 EL Pilzpulver
- 1 EL Hefeflocken
- 1 TL geräuchertes Paprikapulver
- 1 TL Zwiebelpulver
- 100 ml + 2 EL Sojasauce
- 50 ml Mirin
- 50 ml Ume Su (asiatischer Aprikosenessig)
- 2 Lorbeerblätter
- 1 Zimtstange
- 2 EL Ahornsirup
- 2 TL Fischsauce
- 2 TL Limettensaft
- 2 TL geröstetes Sesamöl
- 4 EL Olivenöl

1 Die Kichererbsen in einer Schüssel mit kaltem Wasser bedecken und über Nacht einweichen lassen. Dann abgießen und zusammen mit 100 ml frischem Wasser glatt pürieren. Das Püree in einem Topf bei kleiner Hitze 5–10 Min. unter ständigem Rühren erwärmen, bis der Teig so fest ist, dass er am Löffel kleben bleibt. 30 Min. im Kühlschrank auskühlen lassen.

2 Kichererbsen, Misopaste, Seitanpulver, Mehl, Pilzpulver, Hefeflocken, geräuchertes Paprikapulver und Zwiebelpulver in eine Schüssel geben und verkneten. Dabei nach und nach immer etwas Wasser dazugeben, bis ein glatter Teig entstanden ist, der sich gut von der Hand lösen lässt. Den Teig auf der Arbeitsfläche mit der Hand 5 Min. immer wieder flach schlagen, dann zusammenrollen, bis ein Teig entstanden ist, in dem die Faustknochen beim Schlagen keine Mulden mehr hinterlassen. Den Teig in sechs Patties schneiden.

3 Eine tiefe Pfanne zur Hälfte mit Wasser befüllen. 100 ml Sojasauce, Mirin, Ume Su, Lorbeerblätter und Zimtstange dazugeben und aufkochen. Die Patties darin zugedeckt bei kleiner Hitze 1 Std. sanft köcheln lassen. Ahornsirup, Fischsauce, restliche Sojasauce (2 EL), Limettensaft und Sesamöl in einer Tasse mischen und die Patties damit einpinseln. Das Öl in einer Pfanne erhitzen und die Patties darin bei mittlerer Hitze auf beiden Seiten anbraten. Die Patty-Oberfläche mit der Sauce bepinseln, die Patties wenden und wieder bepinseln. Den Vorgang wiederholen, bis keine Sauce mehr da ist.

BURGER-SAUCEN

Also, der Burger kann echt nicht gut sein.
Aber wenn die Sauce gut ist, dann ist der Burger gut.

SÜSSE SENFSAUCE

Für 4 Portionen **8 Cornichons** superklein würfeln und in einer Schale mit **1 EL Ahornsirup, 1 EL Olivenöl** und **4 EL mittelscharfem** Senf verrühren.

TOMATENSAUCE

Für 4 Portionen **1 Zwiebel schälen** und superklein würfeln. **4 eingelegte scharfe Pfefferoni** klein hacken. Zwiebel, Pfefferoni, **1 EL Sojasauce, 1 EL Olivenöl** und **1 TL getrockneten Thymian** in einer Schale mischen und kurz durchziehen lassen. Dann **6 EL passierte Tomaten** und **1 EL Pfefferoni-Sud** untermengen.

SOULFOOD-TIPP

Umami sorgt nicht nur für richtig guten Geschmack, die Geschmacksrichtung Umami spielt auch eine wichtige Rolle für unser Wohlbefinden. Umami-Rezeptoren auf unserer Zunge lösen die Ausschüttung von Dopamin aus, einem Neurotransmitter, der mit Freude und Belohnung verbunden ist.

KIMCHI-MAYO

Für 4 Portionen **3 EL Kimchi** und **200 g Mayonnaise** in den Standmixer geben und glatt pürieren.

BBQ-SAUCE

Für 2 Portionen **1 große Zwiebel** schälen und klein würfeln, dann in **1 EL Olivenöl** anrösten. **2 EL Tomatenmark** dazugeben und 3 Min. mitbraten. Mit **2 EL Tamari-Sojasauce** und **1 EL Aceto balsamico** ablöschen. Sauce mit **1 TL Chipotle-Chili** und **1 TL geräuchertem Paprikapulver** abschmecken.

PAPRIKAPULVER NICHT ZU LANGE BRATEN, DENN ES WIRD SCHNELL BITTER.

BURGER-TOPPINGS

So ein Topping ist für mich immer so eine Art Kinderüberraschung. Wenn du den Burger bekommst, dann siehst du immer nur Patty und Salat und Sauce. Aber das Topping kommt erst beim Reinbeißen und dann macht es meistens einfach nur bang.

CRISPY STICKS

Für 2 Portionen **200 g Tofu** in Julienne-Streifen schneiden. **2 EL Olivenöl** in einer beschichteten Pfanne erhitzen und die Tofustreifen darin knusprig braten. Dann die Streifen mit einer dünnen Schicht **dunkler Misopaste** einreiben.

UMAMI CHAMPIGNONS

Für 2 Portionen **250 g Champignons** grob zerquetschen und in einer Pfanne in **1 EL Olivenöl** braten, bis die Flüssigkeit reduziert ist. **2 geriebene Knoblauchzehen** und **1 EL helle Misopaste** dazugeben und unterrühren. Alles mit **1 Schuss Wasser** ablöschen.

WARENKUNDE

Mit nur ca. 20 Kilokalorien pro 100 Gramm sind Champignons ein kalorienarmes, ballaststoff- und eiweißreiches Lebensmittel, also ein idealer Sattmacher. Achtet beim Kauf von Champignons darauf, dass sie fest und unbeschädigt sind und angenehm duften.

UMAMI BRATPAPRIKA

Für 2 Portionen **2 Handvoll Bratpaprika** in einer Pfanne in **1 EL Olivenöl** so lange braten, bis sich dunkle Stellen bilden. **4 geriebene Knoblauchzehen** dazugeben und alles mit **1 TL Ume Su** und **1 Schuss Wasser** ablöschen.

MISOZWIEBELN

Für 2 Portionen **2 Zwiebeln** schälen, in feine Scheiben schneiden, in einer Schale mit **1 EL heller Misopaste** mischen und 5 Min. ziehen lassen. Das Topping zum Schluss mit **2 TL Aceto balsamico** abschmecken.

ZWIEBELN ENTHALTEN WERTVOLLE SCHWEFELVERBINDUNGEN, DIE DAS IMMUNSYSTEM STÄRKEN UND DIE ABWEHRKRÄFTE GEGEN INFEKTIONEN ERHÖHEN.

AUBERGINEN-TOPPING

Aubergine, violett und fein, im Geschmack so herrlich, so rein.
Vitamine und Ballaststoffe pur, für Körper und Seele ein Geschenk der Natur.
Um es mal poetisch auszudrücken, wie gut dieses Topping schmeckt.

—

Für 2 Portionen
20 Min. Zubereitung

1 Aubergine
4 Knoblauchzehen
2 Tomaten
1 EL Olivenöl
1 Prise Salz

1 Die Aubergine waschen, putzen und in kleine Würfel schneiden. Den Knoblauch schälen und fein hacken. Die Tomaten waschen, halbieren, von den Stielansätzen befreien und in kleine Würfel schneiden.

2 Das Olivenöl in einer Pfanne erhitzen und Auberginenwürfel und Knoblauch so lange bei mittlerer Hitze darin braten, bis sie weich sind und viele Röstaromen gesammelt haben. Das Gemüse salzen, die Tomaten dazugeben und so lange braten, bis die Flüssigkeit reduziert ist.

KÜCHEN-HACK

Genauso wie ein Topping gehört auch ein Salatbett ganz unten auf das Burger-Bun. Als Grünzeug eignet sich dafür alles, was grün ist. Von Thai-Basilikum über diverse Salate bis hin zu blanchiertem Wirsing.

EINE BESCHICHTETE PFANNE VERHINDERT HIER, DASS DAS OMELETT AM PFANNENBODEN KLEBEN BLEIBT.

KIMCHI-OMELETT-TOPPING

Als ich zum ersten Mal ein Kimchi-Omelett gegessen hab, hab ich sofort gewusst, dass das nie wieder aus meinem Repertoire verschwinden wird.

—

Für 2 Portionen
30 Min. Zubereitung
8 Std. Einweichen

Füllung:
6 EL unpasteurisiertes Kimchi
1 Handvoll Sprossen (ersatzweise Kräuter)
1 Bund Frühlingszwiebeln
4 Knoblauchzehen
100 g Pilze (z. B. Shiitake)
1 EL Sojasauce
1 EL geröstetes Sesamöl

Teig:
200 g Mungbohnen
6 EL Kimchi-Flüssigkeit
1 Ei
2 EL Crazy Daizy (s. S. 24)

Außerdem:
2 EL Olivenöl

1 Für die Füllung das Kimchi klein schneiden. Sprossen in einem Sieb abbrausen und abtropfen lassen. Frühlingszwiebeln putzen, waschen und fein hacken. Knoblauch schälen und fein hacken. Pilze putzen und in kleine Würfel schneiden. Alle Füllungszutaten in einer Schüssel mischen und durchkneten. Über Nacht kalt stellen.

2 Für den Teig die Mungbohnen in einer Schüssel mit kaltem Wasser bedecken und über Nacht einweichen. Dann die Bohnen abgießen und zusammen mit Kimchi-Flüssigkeit, Ei, Crazy Daizy und 150 ml Wasser im Standmixer glatt pürieren. Die Hälfte der Füllung unter den Teig mischen.

3 Olivenöl in einer beschichteten Pfanne bei mittlerer Hitze erwärmen und 1 gehäuften EL Füllung darin kurz anbraten. 3–4 EL Teig darübergießen und flach drücken. Nach 3–4 Min. Bratzeit das Omelett wenden und weitere 2 Min. braten. Omelett aus der Pfanne auf einen Teller heben. Aus restlicher Füllung und restlichem Teig weitere Omeletts braten. Die Omeletts in dünne Streifen schneiden.

BEILAGEN, FINGERFOOD UND SNACKS

WENN BEILAGEN, FINGERFOOD UND SNACKS AUF DEM TISCH STEHEN, DANN INTERESSIERT MICH DAS HAUPTGERICHT EHER WENIGER. WEIL ICH DENKE, DASS ICH NICHT DER EINZIGE SNACKER HIER BIN, ZEIG ICH EUCH EINFACH MEINE LIEBSTEN REZEPTE ZUM REINLEGEN.

ROTE EIER

Ich mag es sauer, ich mag Eier, ich mag Ostern, ich mag Ostereier. Meine Tochter noch viel mehr. Und weil so ein buntes Ei auf dem Teller nicht nur gut schmeckt, sondern auch gut aussieht, gibt's bei uns immer eingelegte Ostereier.

Für 12 Stück
25 Min. Zubereitung

12 Eier
500 g vorgegarte Rote Beten
250 ml Apfelessig
250 ml Rote-Bete-Saft
2 TL getrockneter Thymian
1–2 EL Ume Su (asiatischer Aprikosenessig)
10 g Salz
50 g Ahornsirup
2 EL Olivenöl

1 Die Eier anstechen und zugedeckt bei mittlerer Hitze in kochendem Wasser in ca. 10 Min. hart kochen und pellen.

2 Rote Beten in mundgerechte Stücke schneiden. Apfelessig, Rote-Bete-Saft, Thymian, Ume Su, Salz, Ahornsirup und Olivenöl aufkochen. Die Rote-Bete-Stücke dazugeben und 10 Min. in dem Sud kochen lassen.

3 Die Eier in ein hohes Gefäß schichten und die kochende Flüssigkeit samt Roten Beten auf die Eier schütten. Luftdicht verschließen, auskühlen lassen und im Kühlschrank lagern. Die Eier halten sich locker 1–2 Wochen.

KÜCHEN-HACK

Eier lassen sich besser pellen, je älter sie sind. Solltet ihr frische Eier haben, dann legt sie nach dem Kochen in eine Schüssel mit Eiswasser, lasst sie 5 Minuten darin liegen und pellt sie anschließend ganz einfach unter Wasser.

WARMER FENCHEL AUF BLUMENKOHL

Ich bekomme immer wieder zu hören, dass das ja eigentlich fast ein eigenständiges Gericht ist und warum ich es als Beilage serviere. Weil es nur fast ein eigenständiges Gericht ist.

Für 6 Portionen
35 Min. Zubereitung
40 Min. Backen

Topping:
100 g Sprossen
½ Bund Frühlingszwiebeln
1 TL Ume Su (asiatischer Aprikosenessig)
1 TL geröstetes Sesamöl
6 EL Sesam

Gemüse:
1 Zwiebel
4 Knoblauchzehen
½ Bund Frühlingszwiebeln
¼ Blumenkohl
2 Knollen Fenchel
400 g Tofu
2 EL Olivenöl

Sauce:
1 Stück Ingwer (5 cm lang)
5 EL Sojasauce
je 4 EL Mirin und Sake
2 EL Sriracha-Sauce
½ EL geröstetes Sesamöl
1 EL Speisestärke

1 Für das Topping die Sprossen in einem Sieb abbrausen und abtropfen lassen. Die Frühlingszwiebeln putzen, waschen und in feine Ringe schneiden. Sprossen, Frühlingszwiebelringe, Ume Su, Sesamöl und Sesam in eine Schüssel geben und gut mischen.

2 Für das Gemüse Zwiebel und Knoblauch schälen. Frühlingszwiebeln, Blumenkohl und Fenchel putzen und waschen. Das Gemüse in kleine Stücke schneiden. Den Tofu würfeln. Das Olivenöl in einer Pfanne erhitzen und die Zwiebel und den Knoblauch darin anschwitzen. Den Tofu untermischen und alles so lange braten, bis der Tofu Röstaromen bildet, dann Frühlingszwiebeln, Blumenkohl und Fenchel dazugeben und braten, bis sie ebenfalls anfangen zu bräunen.

3 Für die Sauce den Ingwer schälen, würfeln und zusammen mit allen anderen Saucenzutaten im Mixer glatt pürieren. Die Sauce zum Gemüse in die Pfanne geben und alles so lange köcheln, bis sich die Sauce cremig über das Gemüse legt und die Flüssigkeit größtenteils reduziert ist.

4 Das Gemüse in eine große Schüssel geben und mit dem Topping garniert servieren.

PICKLES

Mixed Pickles bringen euren Darm auf Vordermann, da nickt sogar das Sauerkraut anerkennend. Denn wenn der Darm glücklich ist, ist auch der Mensch glücklich. Ein gesundes und gut funktionierendes Mikrobiom wirkt sich nachweislich auf das Ganzkörper-Wohlbefinden aus.

—

Für 4 Portionen
10 Min. Zubereitung
8 Std. Durchziehen

6 Möhren
½ Rettich
10 EL süßer Apfelsaft
8 EL Limettensaft
1 EL Olivenöl
2 TL Ume Su (asiatischer Aprikosenessig)

1 Möhren und Rettich putzen, schälen und in feine Julienne-Streifen schneiden.

2 Die Gemüsestreifen in einer Schüssel mit den restlichen Zutaten gut vermischen und zugedeckt über Nacht im Kühlschrank ziehen lassen.

KÜCHEN-HACK

Saure Komponenten wie Pickles eignen sich hervorragend, um deftige Gerichte ein bisschen aufzulockern. In Korea wird traditionell zum fettigen Schweinebauch Kimchi serviert. Zwar würde ich die Pickles jetzt nicht zur Weißwurst essen, aber Kasspatzen mit Kimchi oder Pickles als Side Dish funktionieren ganz wunderbar. Also Saures und oder Fermentiertes ist ein hervorragender Begleiter für fettige oder deftige Speisen.

EINGELEGTER RETTICH

Rettich ist unglaublich gesund und reich an Senfölglycosiden. Deswegen schmeckt er vielen Menschen auch zu dominant. Hier zeige ich euch eine Version, die Geschmack und Gesundheit miteinander wunderbar vereint.

Für 1 großes Glas (500 ml)
10 Min. Zubereitung
30 Min. Ruhen
5 Tage Fermentieren

500 g Rettich
1 Möhre
1 süße Birne
1 Bund Frühlingszwiebeln
4 Knoblauchzehen
1 Stück Ingwer (5 cm lang)
2 EL Ume Su (asiatischer Aprikosenessig; ersatzweise 2 EL grobes Meersalz)
60 g Vollrohrzucker

1 Rettich und Möhre putzen und schälen. Die Birne waschen, vierteln und vom Kerngehäuse befreien. Die Frühlingszwiebeln putzen und waschen. Gemüse und Birne in 1 cm große Würfel schneiden. Den Knoblauch schälen und vierteln. Ingwer schälen und in Scheiben schneiden.

2 Rettich, Ingwer, Möhre und Ume Su in einer Schüssel mischen und 30 Min. ziehen lassen. Danach alle Zutaten in ein hohes Glas schichten und mit so viel Wasser aufgießen, dass die Zutaten bedeckt sind. Das Glas luftdicht verschließen und 5 Tage bei Raumtemperatur lagern.

3 Beim Öffnen sollten in der Flüssigkeit jetzt leichte Bläschen aufsteigen und der Rettich sollte angenehm süßsauer schmecken. Jetzt kann der Rettich mehrere Wochen im Kühlschrank lagern. Die Flüssigkeit eignet sich hervorragend, um Salate aufzupeppen.

KÜCHEN-HACK

Mit einem mit Wasser gefüllten Frischhaltebeutel lässt sich Gemüse problemlos unter Wasser drücken, sodass während des Fermentierens immer das komplette Gemüse unter Wasser liegt.

SCHARF-SAURE ZUCCHINI

Es muss nicht immer Kohl sein, den man milchsauer fermentiert. Es können auch Gurken oder Zucchini sein. Geschmacklich sind sie dann noch vielfältiger einsetzbar als klassischer Kohl und schmecken auch den passionierten Sauerkrautgegnern.

Für 1 Schraubglas (500 ml)
15 Min. Zubereitung
30 Min. Durchziehen

- 500 g Zucchini
- 3 EL grobes Meersalz
- 1 rote Zwiebel
- 4 EL Lieblings-Chilipulver oder -schrot
- 2 EL Aceto balsamico bianco
- 3 EL Vollrohrzucker

1 Zucchini putzen, waschen, in dünne Scheiben hobeln, in einer Schüssel mit dem Salz gut vermengen und 30 Min. ziehen lassen. Nach 15 Min. Ziehzeit die Zucchini noch mal durchmischen, damit auch jedes Scheibchen gesalzen wird. Nach der Ziehzeit die Flüssigkeit wegschütten und die Zucchinischeiben mit klarem Wasser abspülen.

2 Die rote Zwiebel schälen und klein würfeln. Zwiebelwürfel, Chili, Essig und Zucker zu den Zucchini geben und untermischen. Zucchini ganz eng bis zum Rand in das Glas schichten, sodass die Zucchini unter der Flüssigkeit bleiben.

3 Das Glas locker verschließen und 7 Tage bei Raumtemperatur stehen lassen. Wenn die Zucchini unter der Flüssigkeit liegen, kann man das Glas auch locker verschließen. Die Zucchini sollten nur keinen Kontakt mit Sauerstoff haben. Wenn die Zucchini einen angenehm salzig-sauren Geschmack haben, sind sie fertig und können mehrere Wochen im Kühlschrank gelagert werden.

FANTASTISCHER KIDNEYBOHNENSALAT

Bohnensalat geht immer, weil Bohnensalat einfach zu allem passt. Wenn ihr etwas kennt, zu dem Bohnensalat nicht passt, dann kennt ihr eine Sache mehr als ich.

Für 4 Portionen
20 Min. Zubereitung
40 Min. Durchziehen

Dressing:
1 EL helle Misopaste
2 EL Tomatenmark
1 EL Zitronensaft
½ TL Ume Su (asiatischer Aprikosenessig)
2 EL Olivenöl
1 kleine Prise Zucker

Salat:
1 Bund Frühlingszwiebeln
½ Salatgurke
1 Handvoll Radieschen
1–2 Möhren
½ gelbe Paprika
1 Knoblauchzehe
400 gekochte Kidneybohnen
1 Bund Koriandergrün (ersatzweise Petersilie)

1 Für das Dressing alle Zutaten in eine Schüssel geben und gut verrühren.

2 Für den Salat Frühlingszwiebeln, Gurke und Radieschen putzen und waschen. Möhren putzen und schälen. Die Paprika waschen, längs halbieren und von Kernen und weißen Trennwänden befreien. Knoblauch schälen. Die vorbereiteten Zutaten in kleine Würfel schneiden, zum Dressing geben, untermischen und 10 Min. ziehen lassen.

3 Anschließend die Bohnen untermischen und den Salat noch mal 30 Min. ziehen lassen. Inzwischen den Koriander waschen, trocken schütteln und fein hacken. Koriander unter den Salat heben und genießen.

MISO-SELLERIE

Miso ist so unglaublich flexibel einsetzbar. Sowohl was den Geschmack betrifft als auch die Wirkung. Hier verleiht es dem Sellerie eine geschmackliche Tiefe und wirkt sich gleichzeitig positiv auf unsere Darmgesundheit aus, da es hier nicht erhitzt wird und die Probiotika darin noch voll aktiv sind.

Für 4 Portionen
20 Min. Zubereitung

Gemüse:
- 500 g Knollensellerie
- 2 EL Fischsauce
- 2 TL Shiitakepulver
- 2 EL Sojasauce

Misosauce:
- 1 EL helle Misopaste
- 1 EL Aceto balsamico bianco
- 1 EL Vollrohrzucker

1 Sellerie putzen, schälen und in kleine Steaks schneiden. Selleriescheiben, Fischsauce, Shiitakepulver, Sojasauce und 1 l Wasser in einem Topf zum Kochen bringen und köcheln lassen, bis der Sellerie weich ist.

2 Inzwischen für die Sauce Misopaste, Essig, Zucker und 2–3 EL Wasser in einer Tasse verrühren. Die Sauce sollte nicht zu flüssig sein, sondern noch dickflüssig genug, um auf dem Sellerie haften zu bleiben.

3 Die Selleriescheiben aus der Flüssigkeit im Topf auf einen Teller heben, mit der Sauce beträufeln und genießen.

WER UNTER EINSCHLAFPROBLEMEN LEIDET, KANN VERSUCHEN, JEDEN ABEND VOR DEM SCHLAFENGEHEN EIN GLAS FRISCH GEPRESSTEN SELLERIESAFT ZU TRINKEN.

CREAMY KOHLRABI

Wenn meine Oma den Kohlrabi halt auch nur einmal so gemacht hätte und nicht immer anders, dann hätte ich vielleicht als Kind auch mehr Kohlrabi gegessen.

—

Für 4 Portionen
10 Min. Zubereitung

500 g Kohlrabi
1 Handvoll Minze
1 EL Zitronensaft
2 EL Olivenöl
1 EL Sumach (ersatzweise 1 gehackte Knoblauchzehe)
1 Prise Salz
400 g Joghurt (3,8 % Fett; ersatzweise pflanzliche Joghurtalternative)

1 Kohlrabi putzen, schälen und in kleine Würfel schneiden. Die Minze waschen und trocken schütteln, die Blätter abzupfen und fein hacken.

2 Kohlrabi, Minze, Zitronensaft, Olivenöl, Sumach, Salz und Joghurt in eine Schüssel geben, gründlich durchmischen und mit aufs Fingerfood-Büfett stellen.

KÜCHEN-HACK

Sumach schmeckt fruchtig, leicht herb und hat eine dezente Säure. Im Orient ist es ein gängiges Tischgewürz, das für tollen Geschmack sorgt und auch als Ersatz für Essig oder Zitronensaft dienen kann.

LECKERSTE GEWÜRZ-MISCHUNGEN DER WELT

Wenn ihr euch auch schon immer gefragt habt, wie die diesen unglaublich leckeren und süchtig machenden Geschmack auf den Chips hinbekommen. Bitte sehr. Alle Chipshersteller hassen mich jetzt!

Für je 1 Portionen
je 2 Min. Zubereitung

Leckerste Gewürzmischung:
1 TL Salz
1 TL geräuchertes Paprikapulver
½ TL gemahlene Kurkuma
1 TL Zwiebelpulver
1 TL Knoblauchpulver
2 TL getrocknete Rosmarinnadeln
2 TL Hefeflocken

Zweitleckerste Gewürzmischung:
4 Nelken
1 TL Pimentkörner
¾ TL gemahlene Kurkuma
¾ TL gemahlener Ingwer
1 TL Korianderkörner
1 TL gemahlener Kreuzkümmel
1 TL Senfsamen
½ TL Salz

1 Alle Zutaten für die jeweilige Gewürzmischung in einen Mörser geben und zu Pulver verarbeiten.

KÜCHEN-HACK

In Gläsern verpackt und trocken und dunkel gelagert halten sich die Gewürzmischungen mehrere Monate. Sie sind perfekt, um deftige Speisen oder Ofengemüse damit zu würzen.

GESUNDES KNABBERZEUG

Ich liebe Chips. Aber Chips könnt ihr halt schlecht beim Mittagessen auf den Tisch stellen. Das könnt ihr aber auf den Tisch stellen: einfach leckere Chips als Beilage oder zum Snacken.

GRÜNKOHL-CHIPS

Für 2 Portionen **1 kg Grünkohl** von den Stängeln befreien, waschen, trocknen und in einer Schüssel mit **1 Rezept leckerste Gewürzmischung** (s. S. 99) und **2 EL Olivenöl** mischen. Kohl auf zwei mit Backpapier belegten Blechen verteilen und im auf 120° Umluft vorgeheizten Ofen (2. Schiene von oben und 2. Schiene von unten) 20 Min. backen. Noch mal durchmischen und weitere 20 Min. backen. Aufpassen, dass die Blätter nicht verbrennen. Fertig sind die Chips, wenn der Grünkohl richtig knusprig ist.

SÜSSKARTOFFEL-PASTINAKEN-CHIPS

Für 2 Portionen den Backofen auf 120° Umluft vorheizen. **1 große Süßkartoffel** und **1 große Pastinake** putzen, schälen und in sehr dünne Scheiben hobeln. Die Gemüsescheiben, **1 EL Olivenöl** und **1 Rezept leckerste Gewürzmischung** (s. S. 99) in einer Schüssel mischen. Auf einem Backblech verteilen, sodass die einzelnen Scheiben nicht zu sehr übereinanderliegen, und im heißen Ofen (Mitte) 30 Min. backen. Dann die Chips wenden und in weiteren 30 Min. knusprig werden lassen.

FOODWISSEN

Mit den selbst gemachten Chips spart ihr euch jede Menge Transfettsäuren, die im Fertigprodukt stecken würden.

POPCORN MIT BUMS

Für 2 Portionen **1 EL Olivenöl** bei mittlerer Hitze erwärmen und **100 g Maiskörner** darin zugedeckt anbraten und aufpoppen lassen. **1 Rezept zweitleckerste Gewürzmischung** (s. S. 99) dazugeben, den Deckel wieder auf den Topf legen und gut schütteln.

GEBACKENE KICHERERBSEN

1 EL dunkle Misopaste, 2 EL Tomatenmark, 1 EL Ahornsirup, 1 EL Zitronensaft und **1 fein geriebene Knoblauchzehe** in einer Tasse verrühren und ziehen lassen. Den Backofen auf 180° Umluft vorheizen. **500 g gekochte Kichererbsen** so auf einem Backblech verteilen, dass sie nicht übereinanderliegen. Kichererbsen mit **1 EL Olivenöl** beträufeln und im heißen Ofen (Mitte) 30 Min. backen, dabei nach 15 Min. einmal durchmischen. Kichererbsen mit der Marinade mischen und im ausgeschalteten Ofen 15 Min. ruhen lassen.

1 TL GERÄUCHERTES PAPRIKAPULVER UND ETWAS MEHR AHORNSIRUP MACHEN AUS DER WÜRZSAUCE EINE WIRKLICH LECKERE BBQ-MARINADE.

HUMMUS MIT GEMÜSESTICKS

Hummus ist Leben. Ich verbinde kein Rezept so sehr mit Zufriedenheit, Genuss und Freiheit, Liebe und Familie wie Hummus.

Für 4 Portionen
10 Min. Zubereitung
8 Std. Einweichen

240 g getrocknete Kichererbsen
1 TL Natron
4 Knoblauchzehen
200 g dunkles Tahin (gesalzen; Sesammus)
4 EL Zitronensaft
1 TL gemahlener Kreuzkümmel
150 ml eiskaltes Wasser
Salz
1 Schuss Olivenöl
1 Salatgurke
1 große Möhre
1 große rote Paprika

1 Die Kichererbsen in einer Schüssel mit kaltem Wasser bedecken und über Nacht einweichen. Am nächsten Tag das Einweichwasser abgießen. Die Kichererbsen in einem Topf erhitzen, bis der Topf richtig heiß ist, das Natron dazugeben, alles gut verrühren und dann mit so viel frischem Wasser aufgießen, dass die Kichererbsen bedeckt sind. Die Kichererbsen bei kleiner bis mittlerer Hitze zugedeckt ca. 40 Min. köcheln lassen, bis sie weich sind. Das Wasser soll während des Köchelns nicht schäumen. Wenn sich die Kichererbsen mit zwei Fingern zerdrücken lassen, sind sie perfekt. Die Kichererbsen in ein Sieb abgießen und kurz abspülen.

2 Knoblauch schälen und zusammen mit Kichererbsen, Tahin, Zitronensaft und Kreuzkümmel im Standmixer glatt pürieren. Bei Bedarf nach und nach einen Schuss Eiswasser dazugeben, bis die gewünschte Konsistenz erreicht ist. Hummus in eine Schüssel füllen und mit Salz abschmecken. Mit einem guten Schuss Olivenöl beträufeln.

3 Gurke waschen und putzen. Möhre putzen und schälen. Paprika waschen, längs halbieren, von Kernen und weißen Trennwänden befreien. Gemüse in mittelgroße Sticks schneiden und zum Dippen zum Hummus servieren.

HUMMUS KANN MAN SUPEREINFACH AUFPIMPEN. EINGELEGTE TOMATEN ODER KAPERN UNTERMISCHEN. GEKOCHTEN KÜRBIS ODER GEGARTE MÖHRE MITMIXEN.

BROKKOLI-BLUMENKOHL-PFLANZERL

Natürlich hab ich nicht alle Pflanzerl für meine Burger verbraten, das wäre ja noch schöner. Natürlich hab ich auch ein Pflanzerl als Beilage eingeplant. Weil das ja klar ist.

—

Für 4 Portionen

45 Min. Zubereitung

150 g Brokkoli
150 g Blumenkohl
4 Knoblauchzehen
1 getrockneter Shiitake (ersatzweise 1 getrockneter Steinpilz)
3 Frühlingszwiebeln
200 g Tofu
70 g Mehl
1 gehäufter EL helle Misopaste
1 gehäufter TL geräuchertes Paprikapulver
3 EL Olivenöl
2 EL gerösteter Sesam
2 EL Schwarzkümmel

1 Brokkoli und Blumenkohl waschen und putzen. Knoblauch schälen. Alle drei Zutaten superfein hacken, aber nicht mixen, denn breiig sollen sie nicht werden.

2 Getrockneten Pilz mit einer Reibe fein reiben. Die Frühlingszwiebeln putzen, waschen und klein schneiden. Den Tofu mit der Hand zerbröseln. Alle Zutaten bis auf Olivenöl, Sesam und Schwarzkümmel in eine Schüssel geben und mit der Hand so lange kneten, bis sich daraus kleine Bratlinge formen lassen.

3 Das Öl in einer beschichteten Pfanne erhitzen und die Bratlinge darin bei mittlerer Hitze auf beiden Seiten knusprig braten. Dann aus der Pfanne nehmen und in Sesam und Schwarzkümmel wenden.

HERZHAFT-SÜSSER CRISPY TOFU

Tofu wird ja immer noch viel zu selten gegessen und gehört eigentlich viel öfter auf den Teller. Vor allem, wenn er so süß ist wie dieser hier.

Für 4 Portionen

20 Min. Zubereitung

- 2 Handvoll Walnusskerne
- 600 g fester Tofu
- ½ TL Salz
- 8 EL Speisestärke
- 3 EL Olivenöl
- 2 gehäufte EL Ahornsirup
- 1 gehäufter EL Sriracha-Sauce
- 1 gehäufter EL dunkle Misopaste

1 Die Walnüsse klein hacken und in einer Pfanne ohne Fett anrösten. Zum Abkühlen in eine Schale schütten. Tofu in Rechtecke schneiden und zusammen mit ½ TL Salz und so viel Stärke in einer Schale mischen, dass die Tofurechtecke komplett mit Stärke bedeckt sind.

2 Das Olivenöl in der Pfanne erhitzen und die Tofustücke darin knusprig braten. Die Herdplatte ausschalten. Walnüsse, Ahornsirup, Sriracha-Sauce und Misopaste in der Schale vermengen und zum Tofu in die noch heiße Pfanne geben. Den Tofu mit der Sauce glasieren, dann warm servieren.

KÜCHEN-HACK

Wenn ihr etwas Zeit habt, dann wickelt den Tofu erst einmal in ein paar Lagen Küchenpapier, stellt einen schweren Topf darauf und lasst das Ganze 15 Minuten stehen. So wird die Flüssigkeit aus dem Tofu ausgedrückt und er wird beim Braten noch knuspriger.

SAFTIGE MEDITERRANE OFENKARTOFFELN

Inspiriert von knusprigen Hasselback-Kartoffeln werden das hier kräuterige, saftige, mediterran gewürzte Kartoffeln.

—

Für 4 Portionen
30 Min. Zubereitung
1 Std. Backen

4 große Kartoffeln
3 Tomaten
1 Zucchino
1 Aubergine
4 Knoblauchzehen
1 Bund frische Kräuter (z. B. Basilikum, Salbei und Petersilie)
Salz
2 EL Olivenöl

1 Den Backofen auf 180° Umluft vorheizen. Die Kartoffeln gründlich waschen und fächerartig einschneiden. Je mehr Schnitte, desto mehr Inhalt gibt's später. Damit die Kartoffeln nicht aus Versehen durchgeschnitten werden, einfach zwei Kochlöffel parallel zueinanderlegen, die Kartoffel dazwischenlegen und dann die Kartoffel einschneiden. Die Löffelstiele verhindern das Durchschneiden.

2 Tomaten waschen und von den Stielansätzen befreien. Zucchino und Aubergine waschen und putzen. Knoblauch schälen. Alle vier Zutaten in ganz dünne Scheiben schneiden. Die Kräuter waschen und trocken schütteln, die Blätter abzupfen und fein hacken.

3 Gemüse und Kräuter in die Einschnitte der Kartoffeln stecken. Kartoffeln mit Salz bestreuen und mit Olivenöl beträufeln. Jede Kartoffel einzeln auf ein passendes Stück Backpapier legen, alle Seiten nach oben schlagen, zusammennehmen und mit einem Draht oder Faden verschließen.

4 Die Päckchen auf ein Backblech legen und im Ofen (Mitte) 1 Std. backen. Dann 5 Min. auskühlen lassen und warm servieren.

ALS MEDITERRANER KRÄUTERMIX EIGNET SICH AUCH EINE MISCHUNG AUS OREGANO, ROSMARIN UND THYMIAN GANZ WUNDERBAR.

KNUSPRIGER ZWIEBELKUCHEN

Wenn der Zwiebelkuchen knusprig ist, dann weißt du, dass du den Zwiebelkuchen mal ganz anders gemacht hast. Ich liebe zwar klassischen Zwiebelkuchen, aber wenn der beim Abbeißen knusprige, krosse Geräusche macht, dann ist das schon echt was ganz was anderes.

Für 4 Portionen

45 Min. Zubereitung

3 mittelgroße Zwiebeln
4 Knoblauchzehen
1 Stück Ingwer (5 cm lang)
1 Bund Koriandergrün (ersatzweise Petersilie)
1 Bund Frühlingszwiebeln
150 g Mais (aus dem Glas; abgetropft)
300 g Mehl
1 EL Schwarzkümmel
1 EL gemahlener Kreuzkümmel
1 EL Senfsamen
1 TL Bockshornklee
1 EL Currypulver
1 EL helle Misopaste
1 Prise Salz
ca. 100 ml Olivenöl

1 Die Zwiebeln schälen, halbieren und in dünne Halbringe schneiden. Knoblauch und Ingwer schälen und fein hacken. Koriandergrün waschen, trocken schütteln und fein hacken. Die Frühlingszwiebeln putzen, waschen und klein hacken.

2 Alle Zutaten bis auf dic Frühlingszwiebeln und das Öl zum Braten zusammen mit 200 ml Wasser in eine Schüssel geben und gleichmäßig vermischen. Der Teig lässt sich nicht zu Bratlingen formen.

3 Den Boden einer Pfanne reichlich mit Olivenöl bedecken. Pro Zwiebelküchlein je 1 großen EL Zwiebelkuchenmasse in die Pfanne setzen und jede Seite so lange braten, bis sie goldbraun und knusprig ist, dabei mehrmals wenden. Kurz vor dem Servieren mit den Frühlingszwiebeln garnieren und mit 1 Prise Salz bestreuen.

KNUSPRIGE BLITZ-SOMMERROLLEN

Habt ihr euch auch schon immer gefragt, wie Sommerrollen schmecken, wenn man sie einfach nochmals frittiert, bevor man sie serviert? Bitte sehr.

—

Für 4 Portionen
45 Min. Zubereitung

200 g Süßkartoffeln
100 g Tofu (ersatzweise Rinderhackfleisch)
4 Knoblauchzehen
1 Stück Ingwer (5 cm lang)
1 Bund Frühlingszwiebeln
1 EL Olivenöl
1 TL dunkle Misopaste
1 TL Tomatenmark
100 g TK-Erbsen
1 getrockneter Shiitake (ersatzweise 1 getrockneter Steinpilz)
2 TL Tamari-Sojasauce
16 Reispapierblätter
1 l Frittieröl

1 Die Süßkartoffeln schälen und grob raspeln. Den Tofu mit den Fingern zerbröckeln. Knoblauch und Ingwer schälen und getrennt voneinander fein reiben. Die Frühlingszwiebeln putzen, waschen und klein hacken.

2 Das Olivenöl in einer Pfanne erhitzen und den Knoblauch darin anbraten. Den Ingwer dazugeben. Wenn leichte Röstaromen zu sehen sind, Miso und Tomatenmark dazugeben und 2 Min. mitbraten. Tofu dazugeben. Wenn der anfängt leicht knusprig zu werden, Süßkartoffelraspel, Erbsen und Shiitake dazugeben. Sobald die Süßkartoffeln weich sind, die Gemüsemischung mit Sojasauce abschmecken und die Frühlingszwiebeln unterheben. Alles auskühlen lassen.

3 Die Reispapierblätter nach Anweisung einweichen und vorbereiten. Je 1 EL Füllung mittig auf jedes Reispapierblatt geben und zu einem Rechteck formen. Die vier Seitenränder über die Füllung falten. Die Sommerrolle in ein zweites Reispapierblatt einpacken.

4 Das Öl im Wok erhitzen, bis an einem ins Öl hineingehaltenen Holzkochlöffelstiel Bläschen aufsteigen. Sommerrollen im heißen Fett rundherum knusprig frittieren. Mit einem Schaumlöffel aus dem Fett heben, auf Küchenpapier entfetten und sofort genießen.

FÜR DIE FAMILIE

FÜR UNSER WOHLBEFINDEN SPIELT NATÜRLICH AUCH DAS »MIT WEM« EINE GROSSE ROLLE. MIT WEM VERBRINGEN WIR DIE SCHÖNSTE NEBENSACHE DER WELT? MIT FAMILIE UND FREUNDEN. FÜR MICH GIBT'S KEINE SCHÖNERE ZEIT, ALS IN DER KÜCHE ZU STEHEN UND FÜR MEINE LIEBSTEN EIN BISSCHEN WAS ZU KOCHEN.

AUBERGINENLASAGNE MIT SOMMERSALAT

Eigentlich darf man ja dazu nicht Lasagne sagen.
Aber was soll ich sagen, wenn mir nichts anderes einfällt?

Für 4 Portionen

30 Min. Zubereitung

30 Min. Backen

35 Min. Garen

Sommersalat:

2 EL süßer Senf
1 EL helle Misopaste
1 EL Aceto balsamico
2 EL Olivenöl
1 rote Paprika
2 Handvoll Kirschtomaten
½ Salatgurke
1 Zwiebel
6 Radieschen
2 Handvoll Radieschensprossen
1 Handvoll gehackte Kräuter (z. B. Thai- und Zitronen-Basilikum oder Petersilie und Koriandergrün)
8 Romana-Salatblätter

SOMMERSALAT:

Senf, Miso, Essig und Olivenöl in einer Salatschüssel verrühren. Die Paprika waschen, längs halbieren und von Kernen und weißen Trennwänden befreien. Die Tomaten waschen. Gurke putzen und waschen und alle drei Gemüsesorten in 1 cm große Würfel schneiden. Die Zwiebel schälen und fein hacken. Die Radieschen putzen, waschen und je nach Größe vierteln oder achteln. Radieschensprossen in einem Sieb abspülen und abtropfen lassen. Gemüsestücke, Zwiebel, Sprossen und gehackte Kräuter in der Schüssel unter die Misomarinade mischen und kurz durchziehen lassen. Inzwischen die Romana-Salatblätter waschen, mit Küchenpapier abtrocknen. Den Salat in die Romanablätter füllen.

BITTE UMBLÄTTERN →

Auberginenlasagne:

- 100 g Hirse
- Salz
- 150 g braune Linsen
- 3 große Auberginen
- ca. 70 ml Olivenöl
- 500 g Zucchini
- 200 g Champignons
- 500 g reife Tomaten
- 2 Jalapeños
- 1 Zwiebel
- 4 Knoblauchzehen
- 70 ml Lieblingssauce (z.B. Sriracha, Fischsauce oder Worcestershiresauce)
- 2 gehäufte EL Hefeflocken
- 2 TL geräuchertes Paprikapulver
- Pfeffer

AUBERGINENLASAGNE:

Den Backofen auf 200° vorheizen. Die Hirse immer wieder in frischem Wasser waschen, bis das Wasser klar bleibt. Hirse, 200 ml Wasser und 1 kleine Prise Salz in einem Topf einmal aufkochen, dann zugedeckt bei kleiner Hitze 8 Min. köcheln. Die Hirse mit einer Gabel einmal gut durchmischen und zugedeckt auf der ausgeschalteten Herdplatte 10 Min. ruhen lassen. Anschließend auf einem großen Teller ausbreiten und ausdampfen lassen.

Die Linsen in einem Topf mit Wasser bedecken, 1 kleine Prise Salz dazugeben. Den Topfinhalt zum Kochen bringen und die Linsen je nach Sorte in 25–35 Min. weich köcheln.

Auberginen waschen, putzen und längs in maximal 1 cm dünne Scheiben schneiden. Die Randscheiben beiseitelegen. Die Auberginenscheiben auf beiden Seiten dünn mit einer Mischung aus Olivenöl und Salz bestreichen, auf einem Backblech verteilen und im heißen Ofen (Mitte) 20–30 Min. backen, bis sie hellbraun sind. Nach 10–15 Min. Backzeit die Auberginenscheiben einmal wenden.

Die Randscheiben der Auberginen in 1 cm große Würfel schneiden. Die Zucchini waschen und putzen. Pilze putzen und trocken abreiben. Die Tomaten waschen, halbieren und von den Stielansätzen befreien.

Zucchini, Pilze und Tomaten in 1 cm große Würfel schneiden. Jalapeños waschen, halbieren und von Kernen und weißen Trennwänden befreien. Zwiebel und Knoblauch schälen. Jalapeños, Zwiebel und Knoblauch hacken.

1 EL Olivenöl in einer großen Pfanne erhitzen und Zwiebel und Jalapeños darin anbraten, bis sich erste Röstaromen bilden. Die Pilze dazugeben und so lange mitbraten, bis sie Flüssigkeit abgeben. Damit lösen sich die Röstaromen vom Pfannenboden. Zucchini, Knoblauch, Tomaten, Auberginenwürfel, Linsen, Lieblingssauce, Hefeflocken, Paprikapulver und Pfeffer dazugeben. Falls die Mischung sehr trocken ist, noch etwas Wasser dazugeben und alles so lange köcheln lassen, bis alle Flüssigkeit reduziert ist.

Je 1 Auberginenscheibe, etwas Hirse und Linsenbolognese auf je einem Teller übereinanderschichten. Die Schichtung noch zwei- bis dreimal wiederholen, sodass lauter Mini-Lasagnen entstehen. Den Sommersalat daneben anrichten.

GEMÜSE UND HÜLSENFRÜCHTE FÜTTERN DEIN MIKROBIOM MIT BALLASTSTOFFEN. UND VIELE GESUNDE DARMBAKTERIEN SIND EIN GARANT FÜRS WOHLBEFINDEN.

UDON-BROKKOLI-BOWL

Udon-Nudeln sind einfach so unglaublich lecker, dass es schon fast eine Sünde gewesen wäre, kein Rezept mit Udon-Nudeln in diesem Buch unterzubringen.

Für 2 Portionen
30 Min. Zubereitung

1 Brokkoli (ca. 400 g)
250 g Champignons
2 Knoblauchzehen
1 Bund Frühlingszwiebeln
1 Bund Koriandergrün
400 g Tofu
6 EL Maisstärke
4 EL Olivenöl
1 TL helle Misopaste
400 g Udon-Nudeln
2 TL geröstetes Sesamöl
1 TL Ume Su (asiatischer Aprikosenessig)
1 EL Fischsauce
Saft von 1 Zitrone

1 Brokkoli waschen, putzen und in Röschen teilen. Den Stiel schälen und in Scheiben schneiden. Die Pilze putzen, trocken abreiben und in mundgerechte Stücke schneiden. Knoblauch schälen und fein reiben. Frühlingszwiebeln putzen, waschen und in feine Ringe schneiden. Den Koriander waschen, trocken schütteln und hacken. Brokkoliröschen in einem Dämpfeinsatz verteilen. So viel Wasser in einen Topf, in den der Dämpfeinsatz hineinpasst, füllen, dass das Wasser den Dämpfeinsatz nicht berührt. Das Wasser zum Kochen bringen und die Brokkoliröschen zugedeckt bei mittlerer Hitze in ca. 10 Min. bissfest dämpfen.

2 Tofu würfeln. Stärke auf einen Teller geben. Die Tofuwürfel darin wenden, sodass sie von allen Seiten gut bedeckt sind. Das Olivenöl in einer beschichteten Pfanne erhitzen und die Tofuwürfel darin knusprig braten, dann aus der Pfanne auf einen Teller heben. Die Brokkolistielscheiben im heißen Öl anbraten, herausheben und beiseitestellen. Die Pilze in die Pfanne geben, anbraten und wenn die austretende Flüssigkeit anfängt, die Röstaromen vom Pfannenboden zu lösen, den Knoblauch dazugeben. Den Pfanneninhalt mit Miso und 60 ml Wasser ablöschen.

3 Nudeln nach Packungsanweisung zubereiten, abschrecken und in einem Sieb abtropfen lassen. Dann in einer Schüssel mit Sesamöl und Ume Su mischen. Tofu, Brokkoliröschen und -stiele sowie die Pilze darauf anrichten. Mit einigen Spritzern Fischsauce und Zitronensaft beträufeln, mit Frühlingszwiebeln und Koriander garnieren.

DER LETZTE REIS-POT

Eigentlich bin ich ja sparsam mit Superlativen. Was eigentlich ganz schön gelogen ist. Aber das ist wirklich der letzte Reis-Pot. Ihr werdet keinen anderen mehr machen wollen, weil der einfach so gut schmeckt.

Für 4 Portionen

45 Min. Zubereitung

15 Min. Garen

20 Min. Backen

Chefmarinade:

1 Knoblauchzehe
ausgekratzte Kerne von 1 Salatgurke
1 TL Lieblings-Chilipulver
1 EL Ume Su (asiatischer Aprikosenessig)
1 EL Sojasauce
1 EL Ahornsirup
Saft von ½ Limette
2 EL Olivenöl
1 Msp. gemahlene Kurkuma

Curryreis:

150 g Naturreis
1 EL Lieblings-Currypulver
Salz
1 EL Olivenöl

CHEFMARINADE:

Den Backofen auf 180° Umluft vorheizen. Für die Marinade Knoblauch schälen, zusammen mit allen anderen Marinadezutaten sowie 80 ml Wasser in einen hohen Rührbecher geben und mit dem Pürierstab glatt mixen.

CURRYREIS:

Den Reis waschen, dann zusammen mit 500 ml Wasser in einem Topf zum Kochen bringen und zugedeckt bei kleiner bis mittlerer Hitze nach Packungsanweisung weich köcheln. Anschließend mit Currypulver, 1 Prise Salz und 1 EL Olivenöl mischen und auf einem Drittel eines mit Backpapier belegten Backblechs verteilen.

BITTE UMBLÄTTERN

BBQ-Kichererbsen:

1 Zucchino
250 g Kichererbsen (aus dem Glas; abgetropft)
1 EL dunkle Misopaste
1 EL Ahornsirup
1 EL Tomatenmark
1 EL Olivenöl
1 TL geräuchertes Paprikapulver
1 EL Limettensaft

Hipster Tofu:

400 g Tofu
1 EL helle Misopaste
1 EL Hefeflocken
Saft von 1 Zitrone
1 TL Ume Su (asiatischer Aprikosenessig)

BBQ-KICHERERBSEN:

Den Zucchino putzen, waschen, in 1 cm große Würfel schneiden und in einer Schüssel mit den übrigen BBQ-Kichererbsen-Zutaten gründlich mischen. Die Mischung auf dem zweiten Drittel des Backblechs verteilen.

HIPSTER TOFU:

Den Tofu in mundgerechte Stücke schneiden. Die restlichen Tofuzutaten in einer Schüssel zu einer Marinade verrühren. Den Tofu dazugeben und gründlich mit der Marinade vermischen, dann auf dem letzten Drittel des Backblechs verteilen. Die Komponenten auf dem Blech im heißen Backofen (Mitte) 20 Min. backen.

SALAT:

Inzwischen Erdnüsse und Sesam in einer Pfanne ohne Fett anrösten, auf einen Teller geben. Gurke (von der könnt ihr die Kerne für die Chefmarinade hernehmen) putzen und waschen. Paprika waschen, längs halbieren und von Kernen und weißen Trennwänden befreien. Beide Gemüse in 1 cm große Würfel schneiden. Koriander waschen, trocken schütteln und fein hacken. Die Frühlingszwiebeln putzen und waschen, die weißen Teile in feine Ringe, die grünen Teile in Julienne-Streifen schneiden. Curryreis, Chefmarinade, Gurke, Paprika, weiße Frühlingszwiebelringe, Koriander, Erdnüsse und Sesam in einer Schüssel mischen. In einem kleinen Topf den Boden etwa 1 cm hoch mit Frittieröl bedecken und die grünen Frühlingszwiebel-Julienne darin knusprig frittieren.

Den Reissalat auf vier Schüsseln verteilen. Kichererbsen und Tofu darauf anrichten und mit den frittierten Frühlingszwiebeln bestreuen.

Salat:
1 Handvoll Erdnusskerne
1 Handvoll Sesam
1 Salatgurke
1 rote Paprika
1 Bund Koriandergrün
1 Bund Frühlingszwiebeln
Curryreis (s. S. 122)
Chefmarinade (s. S. 122)
Frittieröl

DIE MEISTEN KOMPONENTEN DES REIS-POTS GAREN GANZ ENTSPANNT IM OFEN. DEN REST KÖNNT IHR STRESSFREI WÄHRENDDESSEN ERLEDIGEN.

DIE ORANGENSAUCE VON SEITE 134 PASST HERVORRAGEND, UM DIE GERSTE ETWAS SAFTIGER ZU MACHEN.

KÜRBIS-BOWL

Kürbis ist so unglaublich einfach zuzubereiten, dass er ein ganz fester Bestandteil meiner Küche geworden ist. Außerdem ist seine entzündungshemmende Wirkung essenziell für eine gesunde Ernährung, die unser Wohlbefinden steigert.

—

Für 3 Portionen
30 Min. Zubereitung
30 Min. Backen

1 kleiner Hokkaido-Kürbis
Salz
5 EL Olivenöl
4 Knoblauchzehen
200 g Gerste
200 g Palmkohl (ersatzweise Grünkohl oder ein anderes grünes Blattgemüse)
1 Bund Frühlingszwiebeln
2 Handvoll Hanfsamen
3 TL Ume Su (asiatischer Aprikosenessig)
2 Möhren
1 TL Aceto balsamico
20 g gerösteter Sesam
2 große Kräuterseitlinge
200 g Tofu
1 EL Sojasauce
1 EL Ahornsirup
1 TL geräuchertes Paprikapulver

1 Den Backofen auf 180° Umluft vorheizen. Kürbis waschen, putzen, halbieren, entkernen und in mundgerechte Stücke schneiden. Kürbisstücke, Salz und 1 EL Olivenöl auf einem Backblech mischen und verteilen, im Ofen (Mitte) 30 Min. backen. In eine Schüssel geben. 2 Knoblauchzehen schälen, zum Kürbis reiben und untermischen. Während der Kürbis im Ofen ist, die Gerste gründlich waschen, zusammen mit 500 ml Wasser in einem Topf zum Kochen bringen und nach Packungsanweisung weich garen.

2 Palmkohlblätter waschen, von den Stielen befreien und in dünne Streifen schneiden. Die Frühlingszwiebeln putzen, waschen und klein hacken. Dann Palmkohlstreifen, Frühlingszwiebeln, Hanfsamen, Ume Su und 1 EL Olivenöl in einer Schüssel mischen und ziehen lassen. Möhren putzen, schälen, fein reiben und in einer Schüssel mit 1 EL Olivenöl, Salz und Essig mischen. Den gerösteten Sesam dann erst kurz vor dem Servieren auf den Salat streuen.

3 Für den Tofumix die Kräuterseitlinge mit einer Gabel in Streifen rupfen. Restliche 2 Knoblauchzehen schälen und fein reiben. Den Tofu in mehreren Lagen Küchenpapier ausdrücken, zerbröseln. Das restliche Olivenöl (2 EL) in einer Pfanne erhitzen und den Tofu und die Kräuterseitlinge darin knusprig braten. Mit Sojasauce, Ahornsirup und geräuchertem Paprikapulver abschmecken. Knoblauch dazugeben, untermischen und den Tofu-Pilz-Mix noch kurz auf der ausgeschalteten Herdplatte durchziehen lassen. Alle Komponenten auf drei tiefe Schalen verteilen und anrichten.

MAULTASCHEN MIT GEMÜSEPFANNE

Oder: Warum Maultaschen nicht immer schwäbisch sein müssen.
Und das passiert, wenn ein Bayer Maultaschen macht.

—

Für 8 Portionen

30 Min. Zubereitung

Maultaschen:

4 Knoblauchzehen
1 Stück Ingwer (5 cm lang)
1 Süßkartoffel (ca. 300 g)
1 Kartoffel
1 Möhre
1 Aubergine
100 g Pilze (z. B. Champignons oder Shiitake)
1 Bund Frühlingszwiebeln
1 EL Olivenöl
1 EL geröstetes Sesamöl
200 g Sauerkraut
1 EL Hefeflocken
1 EL Tamari-Sojasauce
400 g Tofu
1 Pck. Wan-Tan-Teigblätter (TK; Asialaden)

MAULTASCHEN:

Knoblauch und Ingwer schälen und fein hacken. Süßkartoffel, Kartoffel und Möhre putzen, schälen und würfeln. Aubergine putzen, waschen und würfeln. Pilze putzen, trocken abreiben und vierteln. Die Frühlingszwiebeln putzen, waschen und in 3 cm lange Stücke schneiden.

Oliven- und Sesamöl in einer Pfanne erhitzen und die Frühlingszwiebeln darin glasig braten. Knoblauch, dann Ingwer, Süßkartoffel, Kartoffel, Möhre, Aubergine, Pilze und Sauerkraut dazugeben und alles 5 Min. anbraten. Gemüse mit Hefeflocken und Tamari abschmecken.

Die Gemüsemischung noch etwas reduzieren, dann im Standmixer zu einer Paste verarbeiten. Den Tofu dazubröckeln und gut untermengen. Jeweils 1 EL Füllung in die Mitte jedes Wan-Tan-Teigblattes geben. Die Teigränder befeuchten. Die Füllung mit einem weiteren Blatt abdecken und die Teigblattränder zusammendrücken.

BITTE UMBLÄTTERN →

Asia-Gemüse-Pfanne:

1 Handvoll getrocknete Steinpilze
400 g Tofu
1 Brokkoli
¼ Weißkohl
1 große Kartoffel
3 Zwiebeln
4 Knoblauchzehen
100 g Pilze (z. B. Champignons oder Shiitake)
1 Salatgurke
3 EL Olivenöl
1 gehäufter EL dunkle Misopaste
200 ml Gemüsebrühe
2 EL Sojasauce
2 EL Speisestärke

ASIA-GEMÜSE-PFANNE:

Die getrockneten Pilze in einer kleinen Schüssel mit kochendem Wasser übergießen und 10 Min. ziehen lassen. Den Tofu halbieren, in mehrere Lagen Küchenpapier wickeln und gut auspressen. Brokkoli waschen, putzen und in Röschen teilen. Den Stiel schälen und würfeln. Weißkohl putzen, waschen und in feine Streifen schneiden. Kartoffel waschen, schälen und würfeln. Zwiebeln und Knoblauch schälen und fein hacken. Pilze putzen, trocken abreiben und in mundgerechte Stücke schneiden. Gurke putzen, waschen und in Julienne-Streifen schneiden. Die eingeweichten Pilze abgießen und fein hacken.

2 EL Öl in einer Pfanne erhitzen und den Tofu darin scharf anbraten. Den knusprigen Tofu würfeln, zusammen mit den eingeweichten Pilzen zurück in die Pfanne geben und noch etwas länger anbraten.

In einer weiteren Pfanne das restliche Öl (1 EL) erhitzen und darin das restliche Gemüse bis auf Brokkoli und Gurke scharf anbraten. Dann die Tofupfanne hinzugeben. In einem Rührbecher die Misopaste in der Gemüsebrühe auflösen und den Pfanneninhalt damit ablöschen. Alles noch einmal aufkochen und dabei mit der Sojasauce abschmecken. Die Speisestärke mit 2 EL kaltem Wasser verrühren, zur Gemüsepfanne geben und alles köcheln lassen, bis die gewünschte Konsistenz erreicht ist. Brokkoli und Gurke unterheben, 2 Min. mitbraten und die Pfanne vom Herd nehmen.

Die gefüllten Nudeltaschen entweder in einer Pfanne in heißem Öl scharf anbraten oder in einem Topf mit siedendem Salzwasser garen, bis sie an die Oberfläche steigen. Gemüsepfanne auf tiefe Teller verteilen und die Maultaschen obendrauf legen.

WER DEN BROKKOLI ETWAS WEICHER MAG, DER LÄSST IHN EINFACH NOCH LÄNGER IN DER PFANNE.

PROTEIN-POWER-MAHLZEIT

Nährwerte sind bei gut und klug zusammengestellten Rezepten nicht wichtig. Denn sonst wären sie ja nicht gut und klug zusammengestellt. Hier isst du 750 kcal und 72 g Eiweiß. Und wenn das zu viel ist, dann isst du halt nur die halbe Portion.

—

Für 1 Portion
30 Min. Zubereitung

120 g gekochte Bohnen (z. B. Kidneybohnen)
4 TL Ume Su (asiatischer Aprikosenessig)
150 g Süßkartoffel
100 g Pilze (z. B. Shiitake oder Champignons)
1 Prise Salz
2 TL + 2 EL Olivenöl
1 Tomate
1 rote Spitzpaprika
1 Handvoll Blattspinat
½ Bund Frühlingszwiebeln
½ Bund Koriandergrün
200 g Seitan-Steaks
1 Schuss Sojasauce

1 Den Backofen auf 180° Umluft vorheizen. Bohnen und 2 TL Ume Su in einer Schüssel mischen und beiseitestellen.

2 Süßkartoffel schälen. Pilze putzen und trocken abreiben. Beides in mundgerechte Stücke schneiden, auf einem Backblech mit Salz und 2 TL Olivenöl mischen und im heißen Ofen (Mitte) 20–30 Min. backen.

3 Inzwischen die Tomate waschen und vom Stielansatz befreien. Paprika waschen, längs halbieren, von Kernen und weißen Trennwänden befreien. Spinat verlesen, waschen und trocken schleudern. Alle drei Zutaten klein schneiden. Die Frühlingszwiebeln putzen, waschen und in feine Ringe schneiden. Koriander waschen, trocken schütteln und fein hacken. Das vorbereitete Gemüse und Koriander in einer Schüssel mit restlichem Ume Su (2 TL) mischen.

4 Das restliche Olivenöl (2 EL) in einer Pfanne erhitzen und die Seitan-Steaks darin knusprig braten, dann in Streifen schneiden und in der Pfanne mit einem kleinen Schuss Sojasauce ablöschen.

5 Den Salat auf einen Teller geben, Seitan-Steakstreifen, Bohnen und Süßkartoffel-Pilz-Mischung darauf anrichten.

REISTELLER MIT BOHNEN UND KIMCHI

Reis, Bohnen, Kimchi, weil das eine ganz tolle Kombination für den Darm und somit für unser Zentrum des Wohlbefindens ist. Die drei Komponenten ergänzen sich hervorragend und tragen aktiv zu unserer Darmgesundheit bei.

—

Für 2 Portionen
30 Min. Zubereitung

200 g Basmati-Reis
½ Bund Radieschen samt Blättern
1 Zwiebel
3 TL Ume Su (asiatischer Aprikosenessig)
2 EL Olivenöl
½ große Aubergine
2 Knoblauchzehen
1 EL helle Misopaste
1 EL Mirin
1 EL Ahornsirup
1 EL Sojasauce
1 EL Sriracha-Sauce
Saft von 1 Limette
Saft von ½ Orange
2 EL Tahin (gesalzen; Sesammus)
150 g Joghurt (3,8 % Fett)
300 g gekochte Kidneybohnen
4 EL Kimchi
30 g gerösteter Sesam

1 Reis und 260 ml Wasser in einem Topf aufkochen und zugedeckt bei kleinster Hitze 15 Min. ziehen lassen. Dann den Reis einmal gut durchrühren und zugedeckt auf der ausgeschalteten Herdplatte weitere 15 Min. ruhen lassen.

2 Für den Salat Radieschen putzen, waschen und vierteln. Die Radieschenblätter waschen und klein schneiden. Die Zwiebel schälen und fein hacken. Radieschen, Radieschenblätter, Zwiebel, 2 TL Ume Su und 1 EL Olivenöl in einer Schüssel mischen und durchziehen lassen.

3 Die Aubergine putzen, waschen und in mundgerechte Stücke schneiden. Knoblauch schälen und fein reiben. Restliches Olivenöl (1 EL) in einer Pfanne erhitzen und die Auberginenstücke darin anbraten, bis sie braun und weich sind. Den Knoblauch dazugeben und kurz mitbraten. Miso, Mirin, Ahornsirup, Soja- und Sriracha-Sauce sowie die Hälfte des Limettensafts verrühren. Auberginenstücke damit ablöschen.

4 Orangensaft, restlichen Limettensaft, restlichen Ume Su (1 TL), Tahin und Joghurt in einen hohen Rührbecher geben und fein pürieren.

5 Den Reis auf zwei Schalen verteilen, Bohnen darauf anrichten und mit der Orangensauce beträufeln. Radieschensalat, Auberginenstücke und Kimchi in Abteilungen darauf platzieren und alles mit Sesam bestreuen.

RADIESCHEN SIND ÄHNLICH WIE KOHLGEWÄCHSE SEHR REICH AN SENFÖLGLYCOSIDEN UND SOMIT EINE TOLLE SULFORAFAN-QUELLE.

ERBSENKROKETTEN MIT CURRY

Erbsenkroketten war eines meiner Leibspeisen als Kind.
Ich mochte Erbsen nicht, aber als Kroketten fand ich die richtig gut.
Wie man halt alles gut findet, was heiß, frittiert und fettig ist.

—

Für 4 Portionen
45 Min. Zubereitung
45 Min. Kühlen

Erbsenkroketten:

1 kg mehligkochende Kartoffeln
Salz
2 Stangen Lauch
1 EL Olivenöl
250 g TK-Erbsen
6 Eier (L)
200 g Mehl
200 g Semmelbrösel
1 l Frittieröl

ERBSENKROKETTEN:

Kartoffeln waschen, schälen, in kleine Würfel schneiden, in einem Topf mit Salzwasser bedecken, zum Kochen bringen und zugedeckt bei kleiner bis mittlerer Hitze in 10–15 Min. weich garen. Kartoffeln in ein Sieb abgießen und auskühlen lassen. Inzwischen den Lauch putzen, längs aufschneiden, gründlich unter fließendem Wasser waschen und klein schneiden. Das Olivenöl in einer Pfanne erhitzen und den Lauch darin braun anbraten. Die Kartoffeln zu Brei stampfen. Lauch und Erbsen unter den Kartoffelbrei heben.

Die Eier in einem tiefen Teller verquirlen. Mehl und Semmelbrösel jeweils auf einen flachen Teller geben. Kartoffelmasse zu Kroketten formen, zuerst in Mehl, dann in den Eiern und zum Schluss in den Semmelbröseln wenden. Die Kroketten 45 Min. ins Tiefkühlfach legen.

Das Öl in einem Topf erhitzen, bis an einem ins Öl gehaltenen Holzkochlöffelstiel sofort Bläschen aufsteigen. Dann ist das Öl heiß genug. Die Kroketten darin portionsweise rundherum goldbraun frittieren. Mit einem Schaumlöffel aus dem Topf heben und auf Küchenpapier entfetten. Warm halten.

BITTE UMBLÄTTERN →

Currypaste:

1 Zwiebel
4 Knoblauchzehen
1 reife Banane
4 EL Olivenöl
2 EL Kokosöl
2 EL Tomatenmark
2 EL dunkle Misopaste
2 EL Hefeflocken
1 EL Shiitake-Pulver (ersatzweise Steinpilzpulver)
1 EL Cashewmus
2 EL Lieblings-Currypulver
2 EL Garam Masala
60 g Mehl

CURRYPASTE:

Zwiebel und Knoblauch schälen und fein hacken. Die Banane schälen und in Stücke schneiden. Olivenöl und Kokosöl in einer Pfanne erhitzen und die Zwiebel darin anbraten. Die Banane dazugeben und mit einer Gabel zerdrücken. Dann Knoblauch und alle restlichen Currypastezutaten bis auf das Mehl nach und nach dazugeben. Alles so lange braten, bis sich Röstaromen gebildet haben. Dann das Mehl dazugeben und noch 2–3 Min. mitrösten. Die Paste abkühlen lassen und in 60 bis maximal 100 g schweren Portionen tiefkühlen.

GEMÜSECURRY:

Zwiebeln und Knoblauch schälen. Zwiebeln vierteln, Knoblauch reiben. Tofu würfeln. Das Öl in einer Pfanne erhitzen und die Zwiebeln darin anbraten, bis sie bräunen. Knoblauch dazugeben, 1 Min. mitbraten, dann alles mit 1 EL Sojasauce ablöschen. Blumenkohl, Brokkoli, Sriracha-Sauce und Brühe dazugeben, dann die Currypaste untermischen. Alles zum Kochen bringen und köcheln, bis die Sauce anfängt, einzudicken. Erbsen und Tofu dazugeben und das Curry weiterköcheln lassen, bis die Sauce eine gute Bindung hat und nicht mehr zu flüssig ist. Das Curry bei Bedarf mit 1 weiteren EL Sojasauce abschmecken.

Gemüsecurry:
- 4 Zwiebeln
- 4 Knoblauchzehen
- 400 g Tofu
- 2 EL Olivenöl
- 2 EL Tamari-Sojasauce
- 300 g TK-Blumenkohl
- 450 g TK-Brokkoli
- 1 EL Sriracha-Sauce
- 300 ml Gemüsebrühe
- 60 g Currypaste (s. S. 138)
- 200 g TK-Erbsen

Kroketten zusammen mit dem Gemüsecurry auf vier Tellern anrichten.

WENIGER ÖL BRAUCHT IHR, WENN IHR DIE KROKETTEN AUF EIN MIT BACKPAPIER BELEGTES BACKBLECH LEGT, MIT OLIVENÖL EINPINSELT UND BEI 180° UMLUFT IM OFEN BACKT, BIS SIE GOLDBRAUN SIND.

KNUSPRIGER TEMPEH AUF HIRSE

Du suchst nach einem krassen Proteinlieferanten, der deine Darmflora zum Abtanzen bringt? Dann feiere Tempeh. Dieses Superfood rockt! Die Fermentation zaubert Probiotika in die Mischung, deine Verdauung wird angekurbelt und dein Immunsystem gestärkt.

Für 2 Portionen
30 Min. Zubereitung
20 Min. Backen

100 g Hirse
Salz
6 EL Mandelmus
2 EL Zitronensaft
3 EL Haferdrink
Pfeffer
1 Möhre
½ Zucchino
1 TL Ume Su (asiatischer Aprikosenessig)
20 g Sesam
4 EL Olivenöl
1 Aubergine
1 EL helle Misopaste
Saft von 1 Limette
1 Brokkoli (ca. 600 g)
2 Zwiebeln
2 Knoblauchzehen
1 EL Sojasauce
200 g Tempeh
1 Bund Frühlingszwiebeln
1 Bund Koriandergrün

1 Die Hirse waschen, mit 200 ml Wasser und Salz nach Packungsanweisung garen. Mandelmus, 1 EL Zitronensaft, Haferdrink, Salz und Pfeffer in einer Schale verrühren.

2 Möhre putzen und schälen. Zucchino putzen und waschen. Beide Zutaten mit dem Sparschäler längs in Streifen schneiden. Gemüsestreifen, Ume Su, Sesam und 1 EL Olivenöl in einer Schüssel mischen und durchziehen lassen. Den Backofen auf 170° Umluft vorheizen. Die Aubergine putzen, waschen und in 1 cm große Würfel schneiden. Auberginenwürfel, Miso, Limettensaft und 1 EL Olivenöl auf einem mit Backpapier belegten Blech mischen und verteilen. Im heißen Ofen (Mitte) 20 Min. backen. Brokkoli putzen, waschen und in Röschen teilen. Den Stiel schälen und würfeln. Zwiebeln und Knoblauch schälen und in Scheiben schneiden. 1 EL Olivenöl in einer Pfanne erhitzen und die Zwiebeln darin scharf anbraten. Knoblauch und Brokkoli dazugeben und Brokkoli bissfest garen. Mit Sojasauce und 40 ml Wasser ablöschen.

3 Tempeh in Streifen schneiden. Restliches Öl (1 EL) in einer Pfanne erhitzen und Tempeh darin knusprig braten. Mit restlichem Zitronensaft (1 EL), Salz und Pfeffer abschmecken. Frühlingszwiebeln putzen, waschen und in feine Ringe schneiden. Koriander waschen, trocken schütteln und fein hacken. Hirse auf zwei Schalen verteilen und Salat, Aubergine, Brokkoli und Tempeh darauf anrichten. Mit der Sauce beträufeln, mit Frühlingszwiebeln und Koriander bestreuen.

WARMER LIEBLINGSNUDELSALAT

Es gibt ja viele Nudelsalatrezepte. Einige sind so richtig klassisch, die auch jeder kennt. Meinen Nudelsalat kennt nicht jeder. Und jede auch nicht.

—

Für 2 Portionen

30 Min. Zubereitung

200 g Udon-Nudeln
1 Möhre
je ½ rote und gelbe Paprika
1 Handvoll Radieschen
1 kleiner Zucchino
3 Zwiebeln
4 Knoblauchzehen
1 große Handvoll Champignons
2 EL Olivenöl
1½ TL Ume Su (asiatischer Aprikosenessig)
1 EL Sojasauce
1 EL Ahornsirup
100 g Blattspinat
1 Schuss Zitronensaft
1 Schuss Limettensaft
Salz
Pfeffer
4 Stängel Thai-Basilikum und Koriandergrün
2 EL gerösteter Sesam

1 Die Nudeln nach Packungsanweisung garen, dann in ein Sieb abgießen, kalt abschrecken und abtropfen lassen.

2 Inzwischen die Möhre putzen, schälen und raspeln. Paprika waschen, von Kernen und weißen Trennwänden befreien und klein würfeln. Radieschen putzen, waschen und vierteln. Zucchino putzen, waschen und in kleine Würfel schneiden. Zwiebeln und Knoblauch schälen und fein hacken. Pilze putzen, trocken abreiben und in mundgerechte Stücke schneiden.

3 Das Olivenöl in einer Pfanne erhitzen und Möhrenraspel, Paprikawürfel, Radieschenviertel und Zucchinistücke darin getrennt voneinander scharf anbraten und in eine große Schüssel geben. Mit Ume Su würzen.

4 Zwiebel, Pilze und Knoblauch in die Pfanne geben und anbraten. Wenn genügend Röstaromen entstanden sind, den Pfanneninhalt mit Sojasauce und Ahornsirup ablöschen und zum restlichen Gemüse geben.

5 Den Spinat verlesen, waschen, von groben Stielen befreien, in einer Schüssel mit heißem Wasser übergießen und kurz ziehen lassen. Dann den Spinat kalt abschrecken, in einem Sieb gut ausdrücken und zum anderen Gemüse in die Schüssel geben. Den Salat mit Zitronen- und Limettensaft sowie Salz und Pfeffer abschmecken und die Nudeln unterheben.

6 Die Kräuter waschen, trocken schütteln und fein hacken. Den Salat mit gehackten Kräutern und Sesam bestreuen.

A RABIATE PASTA

Wenn ich Pasta all'arrabbiata hätte machen wollen, dann hätte ich eine Pasta all'arrabbiata gemacht. Ich wollte aber a rabiate Pasta machen, weil ihr die noch nie gegessen habt. Dagegen fühlt sich die Pasta all'arrabbiata wie eine Anfängerin.

Für 4 Portionen
30 Min. Zubereitung

Feuerlöscher-Edamame:

300 g TK-Edamame (mit Schale)
2 EL Hefeflocken
1 TL Zwiebelpulver
½ TL Salz

Pasta:

500 g Spaghetti
Salz
1 rote Paprika
1 große Habanero-Chilischote
2 Zwiebeln
8 Knoblauchzehen
4 große Tomaten
2 EL Olivenöl
1 EL dunkle Misopaste
1 EL Chilischrot
6 Stängel Basilikum

1 Edamame in einer Schüssel mit kochendem Wasser übergießen und 5 Min. ziehen lassen, dann in ein Sieb abgießen. Edamame in einer Schüssel mit Hefeflocken, Zwiebelpulver und Salz würzen und mischen.

2 Für die Pasta die Spaghetti in reichlich kochendem Salzwasser nach Packungsanweisung al dente kochen. Inzwischen Paprika und Chili waschen, längs halbieren, von Kernen und weißen Trennwänden befreien und in kleine Würfel schneiden. Zwiebeln und Knoblauch schälen und fein hacken. Die Tomaten waschen, von den Stielansätzen befreien und in kleine Stücke schneiden. Das Olivenöl in einer Pfanne erhitzen und die Zwiebeln darin glasig dünsten. Paprika, Habanero und Knoblauch dazugeben, kurz mitbraten. Wenn der Knoblauch duftet, Miso und Chilischrot dazugeben, 30 Sek. mitbraten, Tomaten dazugeben. Die Sauce zum Kochen bringen und offen köcheln lassen, bis die Tomaten weich sind.

3 Wenn die Pasta fertig ist, eine große Tasse Nudelwasser aus dem Topf zur Sauce geben und aufkochen. Die Spaghetti in ein Sieb abgießen, abtropfen lassen und sofort zur Sauce geben. Die Spaghetti unter die Sauce mischen und so lange köcheln lassen, bis sich die Sauce komplett um die Nudeln gelegt hat. Basilikum waschen, trocken schütteln und die Blätter abzupfen. Die Pasta auf tiefe Teller verteilen, mit dem Basilikum garnieren und die Edamame dazu servieren. Wenn die Pasta zu scharf wird, Edamame zum Neutralisieren essen.

VERWENDET KURZE NUDELN UND MISCHT MOZZARELLA UNTER – LECKER!

KEN STYLE SHAKSHUKA

Shakshuka ist so ein gutes Gericht, dass ich euch ein ganzes Buch damit schreiben könnte. Aber zum Süchtigwerden bekommt ihr jetzt erst mal die Ken-Style-Variante.

Für 4 Portionen
30 Min. Zubereitung

2 Handvoll bunte Snack-Paprika (ersatzweise Bratpaprika)
3 große Fleischtomaten
3 Zwiebeln
3 Knoblauchzehen
3 EL Olivenöl
2 TL Tomatenmark
2 EL Harissapaste (nach Belieben)
1 TL gemahlener Kreuzkümmel
1 TL Chilipulver
500 ml Gemüsebrühe
1 Handvoll grüne und schwarze Oliven (entsteint)
200 g Schafskäse (Feta)
2 TL getrockneter Thymian
4 Eier
Salz
40 g Mehl
2 EL gehackte Petersilie

1 Die Snack-Paprika waschen, abtrocknen und in einer Pfanne ohne Öl bei großer Hitze von allen Seiten anbraten, bis die Haut schwarze Stellen bekommt. Dann die Paprika in eine Schüssel geben, mit einem feuchten Geschirrtuch zudecken und auskühlen lassen. Von den erkalteten Paprika mit einem spitzen, scharfen Messer die Haut abziehen. Die Fleischtomaten waschen, halbieren, von den Stielansätzen befreien und in kleine Würfel schneiden.

2 Zwiebeln und Knoblauch schälen. Die Zwiebeln in Ringe schneiden, den Knoblauch fein reiben. 1 EL Olivenöl in einer Pfanne erhitzen und die Zwiebelringe darin unter Rühren braun anbraten. Ein Drittel des Knoblauchs dazugeben und glasig braten. Tomatenmark und nach Belieben die Harissapaste dazugeben und kurz mitrösten. Kreuzkümmel und Chilipulver dazugeben und kurz mitbraten.

3 Den Pfanneninhalt mit 100 ml Brühe ablöschen und die Röstaromen vom Pfannenboden lösen. Die Tomaten dazugeben, aufkochen und köcheln lassen. Wenn die Flüssigkeit vollständig reduziert ist, wieder etwas Brühe nachgießen. Den Vorgang so lange wiederholen, bis die Tomaten richtig weich gekocht sind.

BITTE UMBLÄTTERN →

4 Inzwischen die Oliven in sehr kleine Würfel schneiden und in eine Schüssel geben. Den Schafskäse mit den Händen oder mit einer Gabel fein zerbröckeln und unter die Oliven mischen. Thymian und restlichen Knoblauch dazugeben und untermischen. Die gehäuteten Paprika längs aufschneiden und vorsichtig mit der Oliven-Feta-Mischung füllen.

5 Die Eier trennen. Eiweiße und 1 Prise Salz in einer Schüssel mit den Rührbesen des Handrührgeräts zu steifem Schnee schlagen. Die Eigelbe verrühren und vorsichtig mit einem Teigschaber unter den Eischnee heben.

6 Die gefüllten Mini-Paprika in Mehl wenden, in die Eischneemischung legen und von allen Seiten bedecken. In einer beschichteten Pfanne das restliche Olivenöl (2 EL) erhitzen und die gefüllten Paprika darin rundherum hellbraun anbraten. Aus der Pfanne heben und warm halten.

7 Den restlichen Eischnee in die leere Pfanne geben, bei kleiner bis mittlerer Hitze sanft stocken lassen und mit einem Pfannenwender in handflächengroße Stücke schneiden. Die Eischneestücke vorsichtig unter die Tomatensauce heben und mit Petersilie garnieren.

8 Die gefüllten Snack-Paprika auf vier Tellern anrichten und zusammen mit der Tomatensauce und den Eischneestücken sofort servieren.

KLASSISCHERWEISE POCHIERT MAN IN EINER SHAKSHUKA EIER. DAZU MACHT MAN MULDEN IN DAS GEMÜSE IN DER PFANNE UND GART DIE EIER DARIN.

KÜRBIS-STEAKS MIT LINSENSALAT

In Stärke gewendete und gebratene Kürbisstücke kenne ich schon seit meiner Zeit in Vietnam. Ich wollte wissen, ob man dieses einfache Rezept ein bisschen raffiniert aufpimpen kann. Kann man.

—

Für 3 Portionen
30 Min. Zubereitung
30 Min. Durchziehen

Kürbis-Steaks:

1 Butternut-Kürbis
80 ml Haferdrink
2 TL Ume Su (asiatischer Aprikosenessig)
1 TL gemahlene Kurkuma
40 g Maisstärke
4 EL Olivenöl

Linsensalat:

2 Zwiebeln
2 Knoblauchzehen
4 Stängel frische Kräuter
1 TL dunkle Misopaste
1 EL eingelegte Kapern
1 Handvoll Oliven (entsteint)
2 TL körniger Senf
2 EL Olivenöl
2 EL Aceto balsamico
500 g gekochte Linsen
6 Tomaten
60 g Feldsalat

1 Kürbis putzen, schälen und quer in Scheiben schneiden. In einer Schüssel Haferdrink, Ume Su und Kurkuma verrühren und den Kürbis darin 30 Min. einlegen.

2 Inzwischen für den Linsensalat die Zwiebeln schälen, halbieren und in feine Streifen schneiden. Knoblauch schälen und fein reiben. Die Kräuter waschen und trocken schütteln, die Blätter abzupfen und fein hacken. In einer Schüssel Zwiebeln, Miso, Kapern, Oliven, körnigen Senf, Olivenöl, Essig und Kräuter mischen. Knoblauch und Linsen unterheben und den Salat 30 Min. ziehen lassen. Kurz vor dem Servieren die Tomaten waschen, von den Stielansätzen befreien und in mundgerechte Stücke schneiden. Feldsalat putzen, waschen, trocken schleudern und zusammen mit den Tomaten unter den Linsensalat heben.

3 Die Kürbisstücke aus der Haferdrinkmischung nehmen und von allen Seiten mit Maisstärke bedecken. Das Olivenöl in einer Pfanne erhitzen und die Kürbisscheiben darin bei mittlerer bis großer Hitze auf allen Seiten knusprig braten. Die Kürbis-Steaks direkt aus der Pfanne zusammen mit dem Linsensalat servieren.

POTATO POT

Ich habe noch nie einen Potato Pot gesehen.
Und Potato Pot hört sich einfach super an. Potato Pot. Ich liebe es.

—

Für 4 Portionen

30 Min. Zubereitung

Kartoffelbratlinge:

500 g Kartoffeln
2 EL Fischsauce
1 Bund Frühlingszwiebeln
1 Handvoll eingelegte Artischocken (aus dem Glas; ersatzweise Kimchi)
1 Stück Ingwer (5 cm lang)
3 Knoblauchzehen
½ TL getrockneter Oregano
½ TL getrockneter Thymian
½ TL Sojasauce
2 EL Olivenöl

Tofu-Pilz-Mix:

200 g Tofu
250 g Champignons
2 Knoblauchzehen
2 EL Olivenöl
1 TL dunkle Misopaste

KARTOFFELBRATLINGE:

Kartoffeln waschen, schälen und in kleine Würfel schneiden. Kartoffeln, Fischsauce und so viel Wasser, dass die Kartoffeln damit bedeckt sind, in einem Topf zum Kochen bringen. Die Kartoffeln zugedeckt bei mittlerer Hitze in 15–20 Min. garen, dann abgießen und über Nacht auskühlen lassen. Am nächsten Tag die Frühlingszwiebeln putzen, waschen und in feine Ringe schneiden. Die Artischocken abtropfen lassen und fein hacken. Ingwer und Knoblauch schälen und fein reiben. Kartoffeln und alle restlichen Bratlingzutaten bis auf das Öl zum Braten in einer Schüssel mit dem Kartoffelstampfer zerdrücken und Bratlinge daraus formen. Das Olivenöl in einer beschichteten Pfanne erhitzen und die Bratlinge darin bei kleiner bis mittlerer Hitze knusprig braten.

TOFU-PILZ-MIX:

Den Tofu in kleine Würfel schneiden. Champignons putzen, trocken abreiben und bei Bedarf in kleinere Stücke schneiden. Knoblauch schälen und reiben. Das Olivenöl in einer Pfanne erhitzen und die Tofuwürfel darin knusprig braten. Die Pilze dazugeben und so lange braten, bis die austretende Flüssigkeit verdampft ist. Den Knoblauch dazugeben und mitbraten, bis er anfängt zu duften. Miso und 80 ml Wasser in einer Tasse verrühren und den Pfanneninhalt damit ablöschen.

BITTE UMBLÄTTERN →

Ofengemüse:
- 500 g Blumenkohl
- 200 g Joghurt (3,8 % Fett)
- 1 TL gemahlene Kurkuma
- 1 TL geräuchertes Paprikapulver
- 1 TL Garam Masala
- 2 TL gemahlener Kreuzkümmel
- Salz
- 2 EL Olivenöl
- 200 g Süßkartoffel
- 2 Knoblauchzehen
- 200 g gekochte Kichererbsen

Ingwer-Curry-Sauce:
- 1 Stück Ingwer (5 cm lang)
- 1 TL rote Currypaste
- 3 TL Limettensaft
- 1 TL Sojasauce

OFENGEMÜSE:

Den Backofen auf 180° Umluft vorheizen. Den Blumenkohl waschen, putzen und in mundgerechte Röschen teilen. Diese in einer Schüssel mit Joghurt, Kurkuma, geräuchertem Paprikapulver, Garam Masala, 1 TL Kreuzkümmel, 1 Prise Salz und 1 EL Olivenöl mischen. Ein Backblech mit Backpapier belegen. Den Backofenrost auf das Blech legen. Den Blumenkohl auf dem Backofenrost verteilen.

Für die Kicherkartoffeln die Süßkartoffel putzen, schälen und in kleine Würfel schneiden. Knoblauch schälen und fein reiben. Süßkartoffelwürfel, Kichererbsen, Knoblauch, restlichen Kreuzkümmel (1 TL), 1 Prise Salz und das restliche Olivenöl (1 EL) auf einem weiteren mit Backpapier belegten Blech mischen und verteilen. Beide Bleche in den Ofen schieben (2. Schiene von unten und 2. Schiene von oben) und Blumenkohl und Kicherkartoffeln 30 Min. backen.

INGWER-CURRY-SAUCE:

Den Ingwer schälen, reiben, in einer Tasse mit Currypaste, Limettensaft, Sojasauce und 100 ml Wasser glatt verrühren.

KICHERKARTOFFELSALAT:

Die Zwiebel schälen und klein würfeln. Paprika waschen, längs halbieren, von Kernen und weißen Trennwänden befreien und 1 cm groß würfeln. Tomaten waschen und vierteln. Spinat verlesen, waschen und trocken schleudern. Miso, Limettensaft, Olivenöl, Ahornsirup und Zimt in einer großen Salatschüssel verrühren. Die vorbereiteten Salatzutaten sowie die Kicherkartoffeln dazugeben und alles gründlich vermengen.

Blumenkohl, Tofu-Pilz-Mix und Kartoffelbratlinge auf dem Salat anrichten und zum Schluss den Tofu-Pilz-Mix mit der Curry-Ingwer-Sauce beträufeln.

Kicherkartoffelsalat:

1 Zwiebel
2 gelbe Paprika
2 Handvoll Kirschtomaten
100 g Babyspinat
1 EL helle Misopaste
3 EL Limettensaft
1 EL Olivenöl
1 EL Ahornsirup
1 Msp. Zimtpulver
Kicherkartoffeln
(s. Ofengemüse S. 154)

DURCH DAS ABKÜHLEN DER BRATLINGKARTOFFELN ENTSTEHT RESISTENTE STÄRKE. WUNDERBARES DARMFUTTER UND DARUM GUTE-LAUNE-FOOD.

KARTOFFELCURRY

Was soll ich jetzt groß dazu sagen. Es ist einfach ein richtig gutes Kartoffelcurry. Oder wie meine Tochter sagen würde: Kartoffelcurry, heiß und fein, bringt die Geschmacksknospen zum Schreien.

Für 2 Portionen
30 Min. Zubereitung

Curry:
2 kleine Zucchini
3 EL Ume Su (asiatischer Aprikosenessig)
700 g Kartoffeln
2 Zwiebeln
4 Knoblauchzehen
600 g Spinat
2 EL Olivenöl
1 TL Schwarzkümmel
1 TL gemahlener Kreuzkümmel
1 TL Garam Masala
1 TL Bockshornklee
2 EL Tomatenmark
1 EL Gemüsebrühepulver
700 ml passierte Tomaten
400 g gekochte Kichererbsen
4 hart gekochte Eier
2 EL Sojasauce

Salsa:
6 Tomaten | 1 Zwiebel
1 Bund Schnittlauch
1 EL Ume Su (asiatischer Aprikosenessig)

1 Für das Curry Zucchini putzen, waschen, klein würfeln, in einer Schüssel mit Ume Su mischen und durchziehen lassen. Kartoffeln waschen, schälen und etwas kleiner schneiden. Zwiebeln schälen und klein würfeln. Knoblauch schälen und reiben. Spinat verlesen, waschen, in einem Sieb abtropfen lassen, von groben Stielen befreien und grob hacken.

2 Das Olivenöl in einer großen Pfanne erhitzen und die Zwiebeln darin anbraten, bis sie Farbe bekommen. Knoblauch dazugeben und 1 Min. mitbraten. Schwarzkümmel, Kreuzkümmel, Garam Masala und Bockshornklee untermengen und ebenfalls kurz mitbraten. Tomatenmark hinzugeben und weitere 1–2 Min. anrösten. Kartoffeln und Brühepulver hinzugeben, mit 500 ml Wasser und passierten Tomaten aufgießen. Den Pfanneninhalt zum Kochen bringen, dann 30 Min. zugedeckt bei kleiner bis mittlerer Hitze köcheln, bis die Kartoffeln fast gar sind.

3 Für die Salsa die Tomaten waschen, von den Stielansätzen befreien und klein würfeln. Zwiebel schälen und fein hacken. Schnittlauch waschen, trocken schütteln und in feine Röllchen schneiden. Alle Salsazutaten in einer Schüssel gründlich mischen.

4 Kichererbsen zum Curry geben und 5 Min. mitköcheln. Die Eier pellen und halbieren. Zucchini und Spinat unterheben, das Curry noch einmal aufkochen und bei Bedarf mit Sojasauce abschmecken. Kartoffelcurry zusammen mit den Eiern und der Salsa servieren und genießen.

BLUMENKOHLSUPPE

Wenn du deine Blumenkohlsuppe nicht mit Stäbchen essen magst, dann hast du immer noch die Möglicheit, sie cremig zu mixen und zu löffeln.

—

Für 2 Portionen
30 Min. Zubereitung

100 g Quinoa
2 Zwiebeln
2 Knoblauchzehen
1 Blumenkohl (ca. 500 g)
200 g Grünkohl
200 g Tempeh
1 Bund Frühlingszwiebeln
1 EL Olivenöl
2 EL gelbe Currypaste
2 Kaffir-Limettenblätter
400 g Kokosmilch
1 TL Zitronensaft
1 TL Fischsauce

1 Quinoa in einem Sieb gründlich abspülen, mit 200 ml Wasser in einem Topf zum Kochen bringen und zugedeckt bei kleiner Hitze in 15–20 Min. garen.

2 Inzwischen Zwiebeln und Knoblauch schälen und fein hacken. Blumenkohl putzen, waschen und in Röschen teilen. Den Grünkohl waschen, von den groben Stielen befreien und grob zerzupfen. Tempeh in Würfel schneiden. Die Frühlingszwiebeln putzen, waschen und feine Ringe schneiden.

3 Das Olivenöl in einem Topf erhitzen und die Zwiebeln darin glasig braten. Dann den Knoblauch dazugeben und ebenfalls glasig braten. Blumenkohl und Grünkohl dazugeben und alles 5 Min. anbraten, bis der Blumenkohl leicht gebräunt ist. Die Currypaste dazugeben und kurz anrösten. Tempeh, Quinoa und Kaffir-Limettenblätter dazugeben, alles mit Wasser bedecken, zum Kochen bringen und zugedeckt bei kleiner bis mittlerer Hitze ca. 7 Min. köcheln lassen, bis der Blumenkohl weich ist.

4 Die Kokosmilch angießen. Die Suppe einmal aufkochen, dann mit Zitronensaft und Fischsauce abschmecken und mit Frühlingszwiebeln garnieren.

DIE SUPPE
WIRD MIT LÖFFEL UND STÄBCHEN
GEGESSEN!

ROTE-BETE-SUPPE

Das Schöne an der bayrisch-asiatischen Küche ist: Sie schmeckt so herrlich bayrisch-asiatisch.

—

Für 2 Portionen
30 Min. Zubereitung

1 Handvoll getrocknete Pilze (z. B. Shiitake)
1 Handvoll getrocknete Tomaten
2 Zwiebeln
2 Rote Beten
½ Pastinake
1 Stück Ingwer (5 cm lang)
150 g Mangold
4 Knoblauchzehen
200 g Champignons
2 Frühlingszwiebeln
2 Nelken
1 Zimtstange
2 Sternanis
2 EL Olivenöl
abgeriebene Schale von ½ Bio-Orange
1 EL Mirin
2 EL Tamari-Sojasauce
1 TL helle Misopaste
1 TL dunkle Misopaste
150 g Tofu
200 g Buchweizennudeln
1 Spritzer Zitronensaft

1 Getrocknete Pilze und Tomaten in einer Schüssel mit 1 l kochendem Wasser übergießen und 10 Min. ziehen lassen.

2 Inzwischen die Zwiebeln schälen und in Ringe schneiden. Rote Beten putzen, schälen, vierteln und die Viertel quer in Scheiben schneiden. Die Pastinake längs halbieren und quer in Scheiben schneiden. Ingwer schälen und ebenfalls in dünne Scheiben schneiden. Mangold putzen, waschen, dann die Blätter von den Stielen trennen. Die Stiele in kleine Stücke schneiden. Die Blätter kleiner zupfen. Knoblauch schälen und reiben. Die Champignons putzen, trocken abreiben und vierteln. Frühlingszwiebeln putzen, waschen und in feine Ringe schneiden.

3 Nelken, Zimtstange und Sternanis in einen Teefilter geben und mit einem Faden zubinden. 1 EL Olivenöl in einem Topf erhitzen und die Zwiebeln darin glasig braten. Mangoldstiele, Pastinake und Ingwer dazugeben und braun anbraten. Die Hälfte des Knoblauchs dazugeben und andünsten. Den Topfinhalt mit eingeweichten Pilzen und Tomaten samt Flüssigkeit ablöschen. Den Gewürzbeutel in die Brühe legen und die Suppe zum Kochen bringen.

BITTE UMBLÄTTERN →

4 Dann Orangenschale, Mirin und Sojasauce dazugeben. Alles köcheln lassen, bis die Pastinakenscheiben weich sind. Dann die Rote-Bete-Scheiben dazugeben und bissfest garen.

5 Restliches Olivenöl (1 EL) in einer Pfanne erhitzen. Champignons darin abraten, bis sie anfangen, Flüssigkeit abzugeben. Restlichen Knoblauch dazugeben. Helle Misopaste in 60 ml Wasser auflösen und die Champignons damit ablöschen. Köcheln lassen, bis alle Flüssigkeit reduziert ist.

6 Wenn die Roten Beten weich, aber bissfest sind, die Brühe durch ein Sieb in einen zweiten Topf abgießen. Shiitake und einige der Tomaten aus dem Suppengemüse heraussuchen und in einen hohen Rührbecher geben. Die Roten Beten separat in eine Schüssel geben. Einen Schuss Brühe und die dunkle Misopaste zur Pilz-Tomaten-Mischung geben und glatt pürieren. Noch einen Schuss Brühe unterrühren, sodass eine dickflüssige Sauce entsteht, die ungefähr die Konsistenz von Ketchup hat.

7 Den Tofu in mundgerechte Würfel schneiden. Die Buchweizennudeln nach Packungsanweisung garen, in ein Sieb abgießen und abtropfen lassen. Die Mangoldblätter in der Brühe 3–4 Min. blanchieren.

8 Tofu, Rote Beten, Nudeln, Mangoldblätter und Champignons auf zwei Schalen verteilen. Tomaten-Pilz-Paste darauf verteilen. Heiße Brühe angießen. Die Suppe mit Frühlingszwiebeln garnieren und mit 1 Spritzer Zitronensaft würzen.

ROTE BETEN SIND REICH AN MAGNESIUM, FOLSÄURE UND EISEN. ALLE DREI WIRKEN SICH POSITIV AUF DAS WOHLBEFINDEN AUS.

DIE BESTE ERBSENSUPPE DER WELT

Ob ihr es mir glaubt oder nicht: Erbsensuppe kann man auch ganz anders essen, als so, wie wir das als Kind kennengelernt haben. Glaubt ihr nicht? Bitte sehr.

—

Für 2 Portionen
30 Min. Zubereitung

Suppe:
1 große Kartoffel
1 große Zwiebel
4 Knoblauchzehen
½ Zucchino
1 EL geröstetes Sesamöl
1 EL Olivenöl
2 EL Gochugaru-Chilipulver (ersatzweise anderes Chilipulver)
450 g TK-Erbsen
1 EL Sojasauce
1 EL Ume Su (asiatischer Aprikosenessig)
1 l kaum gesalzene Gemüsebrühe
400 g Seidentofu

Topping:
1 Bund Frühlingszwiebeln
½ Bio-Zitrone
1 TL geröstetes Sesamöl
1 TL Ume Su (asiatischer Aprikosenessig)

1 Für die Suppe die Kartoffel waschen, schälen und in 1 cm große Würfel schneiden. Zwiebel und Knoblauch schälen, Zwiebel klein hacken, den Knoblauch reiben. Zucchino putzen, waschen und in Halbmonde schneiden.

2 Sesam- und Olivenöl in einem Topf erhitzen und die Zwiebel darin glasig braten. Knoblauch und Chilipulver dazugeben und kurz mitbraten. Kartoffelwürfel, Zucchinischeiben und Erbsen dazugeben, untermischen und Sojasauce, Ume Su und Brühe dazugeben. Die Suppe aufkochen, 5 Min. köcheln lassen, dann den Seidentofu mit einem Messer in Achtel schneiden, in die Suppe gleiten lassen und 10 Min. darin ziehen lassen.

3 Inzwischen für das Topping Frühlingszwiebeln putzen, waschen und in feine Ringe schneiden. Die Zitronenhälfte heiß waschen, abtrocknen, die Schale abreiben und 2 TL Saft auspressen. Frühlingszwiebeln, Zitronensaft und -schale, Sesamöl und Ume Su in eine Schale geben und gut mischen. Die Erbsensuppe auf zwei tiefe Teller verteilen und mit dem Topping garniert genießen.

WAS ZUM NASCHEN

WAS WÜRDEN WIR BLOSS MIT EINEM SEELENFUTTERKOCHBUCH MACHEN, WENN NIX SÜSSES DRIN WÄRE? NIX SÜSSES ESSEN? DAS KANN ICH NICHT VERANTWORTEN. DARUM ZEIG ICH EUCH EIN PAAR NASCHEREIEN, DIE MIR BESONDERS GUT SCHMECKEN.

SCHOKOKUCHEN

Illegal schokoladig – kriminell lecker. Ich bin ja wirklich keine Naschkatze und man kann mich mit Süßem nicht so leicht hinterm Ofen hervorlocken. Mit heiß und fettig geht das bei mir jedoch wunderbar einfach. Aber dieser Schokokuchen ist so unglaublich schokoladig, dass ich einfach nicht Nein sagen kann, wenn der mal wieder auf dem Tisch steht.

Für 1 Springform mit 26 cm Ø (ergibt 8 Stücke)
20 Min. Zubereitung
25 Min. Backen

Teig:
100 g Butter
2 EL dunkle Misopaste
250 g Mehl
250 g Vollkorn-Dinkelmehl
250 g Xylit
1 Pck. Backpulver
6 EL ungesüßtes Kakaopulver
500 g Joghurt (3,8 % Fett)
etwas Milch

Glasur:
100 g Butter
200 g Schokolade (80 % Kakaoanteil)
3 EL Haselnussmus
200 ml Milch

Außerdem:
Öl und Mehl für die Form

1 Den Backofen auf 180° vorheizen. Für den Teig Butter und Miso in einem kleinen Topf schmelzen. Alle Teigzutaten bis auf die Milch in einer Schüssel mit einem Löffel verrühren, bis der Teig in langen Fäden vom Löffel fällt und nicht am Löffel kleben bleibt. Falls nötig, den Teig noch mit etwas Milch verdünnen.

2 Die Form fetten und mit etwas Mehl ausstreuen. Den Teig in die Form füllen, glatt streichen und im heißen Ofen (Mitte) 25 Min. backen.

3 Für die Glasur die Butter in einem Topf schmelzen. Die Schokolade in Stücke brechen und zusammen mit dem Haselnussmus in der Butter schmelzen lassen. So viel Milch dazugeben, dass eine gut gießbare Mischung entsteht.

4 Den fertigen Kuchen an der Oberfläche sternförmig einritzen, sodass acht Kuchenstücke vorgezeichnet sind. Den Kuchen mit dem Guss überziehen. Im Kühlschrank auskühlen lassen und vor dem Servieren Zimmertemperatur annehmen lassen.

KÄSEKUCHEN

Illegal lecker – kriminell käsig. Zum ersten Mal Käsekuchen, richtig guten Käsekuchen habe ich in Spanien gegessen. Damals zur Abizeit. Ich hoffe, dieser Kuchen wird meinem Vorbild gerecht. Aber das kann zum Glück ja nur ich beurteilen.

—

Für 1 Springform mit 26 cm Ø (ergibt 8 Stücke)

20 Min. Zubereitung

2 Std. Backen

500 g Sahne
1 Vanilleschote
600 g Frischkäse
250 g Mascarpone
150 g Vollrohrzucker
6 Eier
1 Eigelb
40 g Mehl
2 EL helle Misopaste

Außerdem:
weiche Butter für die Form

1 Den Backofen auf 180° Umluft vorheizen. Die Form fetten und so mit zwei Bögen Backpapier auslegen, dass sie damit ausgekleidet ist und das Papier auch über den Rand hinaussteht. Die Sahne mit den Rührbesen des Handrührgeräts steif schlagen. Die Vanilleschote längs halbieren und mit einem spitzen Messer das Mark herauskratzen.

2 Frischkäse und Mascarpone in einer Schüssel mit dem Schneebesen glatt verrühren, dabei nach und nach den Vollrohrzucker einrieseln lassen. Es soll eine homogene, cremige Käsemasse entstehen.

3 Dann Eier, Eigelb, Vanillemark, Mehl und Miso dazugeben und glatt unterrühren. Die Schlagsahne vorsichtig mit dem Teigschaber unterheben. Die Masse in die Form gießen und im heißen Ofen (Mitte) 1½–2 Std. backen. Wenn der Kuchen schnell bräunt, die Oberfläche nach 1 Std. Backzeit mit einem Bogen Backpapier abdecken.

4 Wenn die Oberfläche ganzflächig leuchtend dunkelbraun ist, den Kuchen aus dem Ofen holen, etwas abkühlen lassen und im Kühlschrank vollständig auskühlen lassen. Den Käsekuchen am besten kalt servieren.

SÜSSE BOHNENKÜCHLEIN

Pfannkuchen sind das Lieblingsfrühstück meiner Tochter. Wenn ich ihr sagen würde, dass es süße Bohnenküchlein gibt, dann würde sie die Dinger nicht mal mit ihrem Hinterteil anschauen. Aber wenn es mit Bohnen gefüllte Pfannküchlein gibt … weg sind sie!

Für 6 Stück
30 Min. Zubereitung

Bohnenpaste:

200 g gekochte Kidneybohnen (aus dem Glas)
70 g Vollrohrzucker
1 TL Ume Su (asiatischer Aprikosenessig)

Pfannkuchen:

2 Eier (L)
70 g Vollrohrzucker
½ TL Backpulver
150 g Vollkorn-Dinkelmehl
2 EL Honig
3 EL Olivenöl
3 EL Milch
1 TL dunkle Misopaste

1 Für die Bohnenpaste abgetropfte Kidneybohnen, Zucker, Ume Su und 1 Schuss Wasser in einem Topf aufkochen und so lange kochen, bis das Wasser komplett reduziert ist. Dabei immer wieder mit einem Stampfer Bohnen und Zucker miteinander verstampfen. Dann die Mischung mit einem Pürierstab glatt mixen.

2 Für die Pfannkuchen Eier und Zucker in einer Schüssel mit den Rührbesen des Handrührgeräts schaumig schlagen. Backpulver und Mehl mischen, nach und nach auf die Eiercreme sieben und unterrühren. Honig und 1 EL Olivenöl dazugeben. Milch und Miso verrühren und ebenfalls in die Schüssel geben. Alles glatt verrühren.

3 Eine große beschichtete Pfanne mit etwas Olivenöl auspinseln und erhitzen. Pro Pfannküchlein 1–2 EL Teig in die Pfanne geben. So passen fünf bis sechs Pfannkuchen auf einmal in die Pfanne. Wenn die Unterseite der Pfannkuchen gestockt ist und der Teig Bläschen wirft, die Pfannkuchen wenden und braten, bis der Teig vollständig durchgegart ist. Auf diese Art so viele Pfannküchlein braten, bis der Teig aufgebraucht ist.

4 Küchlein abkühlen lassen. Dann die Hälfte der Pfannkuchen mit der Bohnenpaste bestreichen und jeweils einen unbestrichenen Pfannkuchen als Deckel auflegen.

BANANEN-SPLIT

Wenn ihr vier Bananen splittet, dann bekommt ihr Bananen-Split für vier Seelenfutterhungrige. Vorausgesetzt, ihr habt das passende Eis zu Hause.

—

Für 4 Portionen
15 Min. Zubereitung

½ Vanilleschote
1 Handvoll Walnusskerne
25 g Butter
60 g Vollrohrzucker
1 EL dunkle Misopaste
100 g Sahne
4 Bananen
8 Kugeln Vanilleeis

1 Die Vanilleschote längs halbieren und mit einem spitzen Messer das Mark herauskratzen. Die Walnüsse hacken.

2 Butter und Zucker in einem Topf schmelzen und die Misopaste unterrühren, bis eine homogene Masse entstanden ist. Vanillemark und Sahne dazugeben, einmal aufkochen und die Sauce beiseitestellen.

3 Die Bananen schälen und in mundgerechte Stücke schneiden. Bananenstücke und Vanilleeis auf vier tiefen Tellern anrichten. Mit der Misosauce beträufeln und mit den Walnüssen bestreuen.

ZAUBERHAFTE SCHOKO-CRACKER

Wenn nach dem Essen mal wieder nach einem Stück Schokolade gefragt wird oder wenn euch Lust auf Schokolade überkommt, bitte genießt diese unglaublich leckeren Schoko-Cracker.

Für 4 Portionen

15 Min. Zubereitung

Zauberpulver:

1 TL Chilipulver
1 TL Sesam
1 TL Schwarzkümmel
1 TL Ingwerpulver
½ TL Bockshornklee
1 TL Nori-Algen
1 TL getrocknete Orangenschale
1 TL Szechuan-Pfeffer
1 TL Hanfsamen (ungeschält)

Cracker:

200 g Schokolade (70 % Kakaoanteil)
1 TL dunkle Misopaste
2 Handvoll Vollkorn-Flakes
1 Prise Salz

1 Alle Zutaten für das Zauberpulver in einer Pfanne ohne Fett kurz anrösten, aber nicht verbrennen lassen. Dann die Mischung in einem Mörser fein zerstoßen.

2 Für die Cracker die Schokolade in Stücke brechen und zusammen mit der Misopaste über einem heißen Wasserbad schmelzen. Die Flakes mit der Hand zerbröseln und unter die Schokolade mischen.

3 Die Mischung auf einen Bogen Backpapier geben und zu einer 1 mm dünnen Platte verstreichen. Diese mit Salz und Zauberpulver bestreuen. Man muss nicht das ganze Zauberpulver verwenden, die Schokolade sollte leicht damit bedeckt sein. Die Platte im Kühlschrank auskühlen lassen und vor dem Servieren in Stücke brechen.

DAS ZAUBERPULVER IST EINFACH EINE ZAUBERHAFTE GEWÜRZMISCHUNG UND EIGNET SICH FÜR ALLE MÖGLICHEN GERICHTE.

WEISSER BOHNENPUDDING

Wenn ihr euch schon immer gefragt habt, was ihr mit dem ganzen Agar-Agar in eurem Schrank machen sollt, oder ihr schon immer wissen wolltet, was man eigentlich mit Agar-Agar macht: Hier ist die Lösung.

—

Für 4 Portionen
15 Min. Zubereitung

100 g vorgegarte Maroni (vakkumverpackt)
1 Bio-Zitrone
200 g weiße Bohnen (aus dem Glas; Abtropfgewicht)
100 g Vollrohrzucker
1 TL Agar-Agar

1 Die Maroni fein hacken. Die Zitrone heiß waschen, abtrocknen, die Schale abreiben und den Saft auspressen.

2 Alle Zutaten bis auf Maroni und Agar-Agar in einen Topf geben. Auch die Flüssigkeit der Bohnen aus dem Glas. Die Mischung aufkochen und 5 Min. unter ständigem Rühren köcheln, bis die Bohnen superweich sind.

3 Dann Agar-Agar unterrühren und die Puddingmasse mit dem Pürierstab glatt mixen. Die Maroni unterheben und den Pudding in eine rechteckige Form gießen. Im Kühlschrank auskühlen lassen. Zum Servieren den Pudding in vier Teile schneiden und auf Desserttellern anrichten.

EIN FRÜCHTESORBET ODER KOMPOTT PASST HIER GANZ WUNDERBAR, UM DEM PUDDING DEN LETZTEN SCHLIFF ZU GEBEN.

SEELENFUTTER GIBANICA STYLE

Meine Mutter macht die beste Gibanica der Welt. Irgendwie komme ich nicht mal ansatzweise in die Nähe der Gibanica meiner Mutter. Jedenfalls dachte ich mir, bevor ich jetzt etwas Ähnliches mache, mache ich lieber was ganz anderes, aber ähnlich.

—

Für 8 Portionen

15 Min. Zubereitung

70 g Butter
2 Handvoll Pistazienkerne (gesalzen)
14 Filoteigblätter
400 g Ricotta
200 g Ziegenfrischkäse
2 TL Ume Su (asiatischer Aprikosenessig)

Glasur:

200 g Vollrohrzucker
Saft und abgeriebene Schale von 1 großen Bio-Zitrone

1 Den Backofen auf 220° Umluft vorheizen. Die Butter schmelzen. Die Pistazien grob hacken. Großzügig geschmolzene Butter in einer Auflaufform (ca. 30 × 40 cm) verteilen. Die Form mit 1 Teigblatt auslegen und den überschüssigen Rand einfach über die Form hängen lassen. Das nächste Teigblatt darauflegen und mit etwas Butter bestreichen. Diesen Vorgang wiederholen, bis 7 Teigblätter übereinanderliegen.

2 Ricotta, Ziegenfrischkäse und Ume Su in einer Schüssel verrühren und gleichmäßig auf dem Teig in der Form verteilen. Anschließend die restlichen 7 Teigblätter genauso wie die anderen zuvor stapeln und jeweils mit etwas Butter bepinseln.

3 Die Füllung mit den Händen festdrücken. Dann die Teig-Käse-Schichtung mit einem spitzen, scharfen Messer in 5 × 6 cm große Stücke schneiden. Das Gebäck im heißen Ofen (Mitte) in ca. 30 Min. dunkelgoldbraun backen. Die Ränder werden zuerst braun und neigen zum Verbrennen. Daher empfiehlt es sich, sie davor eventuell zu kürzen.

4 Inzwischen für die Glasur Zucker zusammen mit 50 ml Wasser in einem Topf aufkochen. Zitronensaft und -schale dazugeben und die Mischung sirupartig reduzieren.

5 Das fertige Gebäck mit dem Sirup bestreichen und mit den Pistazien bestreuen, dann etwas abkühlen lassen und warm servieren. Aber auch kühlschrankkalt schmeckt es ganz wunderbar.

WENN IHR EINEN HÖHEREN KUCHEN WOLLT, DANN SOLLTET IHR EINE KLEINERE FORM VERWENDEN.

COLD BERRY CHEESECAKE

Dieser Kuchen garantiert euch das ein oder andere Small-Talk-Gespräch auf der nächsten Party. Er ist komplett vegan, was bei diesem Geschmack den ein oder anderen durchaus vom Hocker hauen könnte.

—

Für 1 Springform mit 26 cm Ø (ergibt 8 Stücke)

20 Min. Zubereitung

8 Std. Kühlen

Boden:

100 g Mandeln
100 g Datteln
1 TL Zitronensaft
2 TL helle Misopaste

Creme:

200 g TK-Bio-Beerenmix
½ Vanilleschote
300 g Cashewbruch
80 g Kokosfett
100 ml Ahornsirup
80 ml Zitronensaft

Außerdem:

Öl für die Form

1 Für den Boden die Mandeln in einer Pfanne ohne Fett anrösten, dann zusammen mit Datteln, Zitronensaft und Misopaste im Hochleistungsmixer grob mixen. Die Springform fetten. Die Bodenkrümel in die Form füllen und mit den Händen festdrücken.

2 Für die Creme die Beeren auftauen lassen. Die Vanilleschote längs halbieren und das Mark mit einem spitzen Messer herauskratzen.

3 Cashewbruch in einem Topf mit Wasser bedecken, zum Kochen bringen und zugedeckt bei kleiner bis mittlerer Hitze 15 Min. kochen. Dann in ein Sieb abgießen und mit kaltem Wasser abspülen. Alle Cremezutaten bis auf die Beeren in einem Hochleistungsmixer in 2 Min. glatt mixen.

4 Zwei Drittel der Creme auf dem Boden verstreichen. Die Beeren bis auf eine Handvoll zu der restlichen Creme in den Mixer geben und glatt mixen. Auf den Kuchen geben und glatt streichen. Den Kuchen mit den restlichen Beeren belegen und im Kühlschrank über Nacht durchkühlen lassen.

HASELBÄLLCHEN

Chili macht nicht nur scharf, sondern auch glücklich. Manche sagen, dass die Schoten süchtig machen. Für die Haselbällchen würde ich diese Aussage sogar unterschreiben.

Für 40 Stück

20 Min. Zubereitung

180 g Haselnusskerne
50 g dunkles Mandelmus
50 g Datteln
2 TL helle Misopaste
80 g Schokolade (80 % Kakaoanteil)
2 TL grobes Chilipulver

1 Die Haselnüsse in einer Pfanne ohne Fett rösten und fein mahlen. 100 g Haselnüsse, Mandelmus, Datteln und Misopaste im Standmixer glatt mixen. Mit einem Teelöffel kleine Portionen abstechen und zu Kügelchen formen.

2 Die Schokolade in Stücke brechen und über einem heißen Wasserbad schmelzen. Restliche Haselnüsse (80 g) und Chili in einem tiefen Teller mischen.

3 Die Bällchen in die Schokolade tauchen und anschließend durch die Chili-Haselnuss-Mischung rollen. Auf einem Tablett im Kühlschrank auskühlen lassen.

REZEPTREGISTER

L

M

N

O

P

U/V

W/Z

APPETIT AUF MEHR?

ISBN 978-3-8338-9528-9

ISBN 978-3-8338-8520-4

ISBN 978-3-8338-7556-4

ISBN 978-3-8338-9062-8

ISBN 978-3-8338-7985-2

ISBN 978-3-8338-8683-6

e Alle hier vorgestellten Bücher sind auch als eBook erhältlich.

GU

Mehr von GU auf **gu.de** | **gu.verlag** | **gu.verlag**